Cornelius Bohl

Ohne Ort kein Glück?

Franziskanische Akzente

herausgegeben von Mirjam Schambeck sf
und Cornelius Bohl ofm

Band 39

CORNELIUS BOHL

Ohne Ort kein Glück?

SPIRITUALITÄT UND RAUM

echter

Herzlicher Dank geht an Marie-Therese Girerd für die sorgfältige Zuarbeit bei den Korrekturen sowie an die Sponsorinnen dieses Bandes, die nicht genannt werden wollen.

Der Umwelt zuliebe verzichten wir bei diesem Buch auf Folienverpackung.

Bibliografische Information der Deutschen Nationalbibliothek

Die Deutsche Nationalbibliothek verzeichnet diese Publikation in der Deutschen Nationalbibliografie; detaillierte bibliografische Daten sind im Internet über ‹http://dnb.d-nb.de› abrufbar.

1. Auflage 2024

www.echter.de

Umschlag: wunderlichundweigand.de

Innengestaltung: Crossmediabureau, Gerolzhofen
Druck und Bindung: Friedrich Pustet, Regensburg

ISBN
978-3-429-05944-6
978-3-429-06643-7 (PDF)
978-3-429-06644-4 (ePub)

Franziskus „wählte während seines Erdenlebens für sich und die Seinen ein ‚Teilchen' von der Erde aus; etwas musste er ja von der Erde haben, denn anders hätte er Christus nicht dienen können".
(2 C 18, FQ 310)

„Wie nun Gott den Gläubigen das gemeinsame Gebet in seinem Wort gebietet, so müssen auch öffentliche Kirchengebäude da sein, die zum Vollzug dieser Gebete bestimmt sind … Nur muss dabei alles Gepränge und alles Haschen nach menschlichem Ruhm wegbleiben, und es muss lautere, wahre Andacht herrschen, die im Verborgenen des Herzens wohnt … Dann müssen wir uns aber auf der anderen Seite hüten, sie nicht etwa, wie man das vor einigen Jahrhunderten angefangen hat, für Gottes eigentliche Wohnstätten zu halten, in denen er sein Ohr näher zu uns kommen ließe; auch sollen wir ihnen nicht irgendeine verborgene Heiligkeit andichten, die unser Gebet bei Gott geheiligter machte."
Johannes Calvin, Institutio III 20,30

Diese Wunden bringen bei mir keine Klagen hervor; eher kommt ihr durch sie in mein Herz. Das Ausrecken meines Leibes schafft euch Raum in meinem Schoß.
Christus in den Mund gelegt in einer Predigt von Petrus Chrysologus (gest. 450), Sermo 108, PL 52,499.

Inhalt

Start mit einer Liebeserklärung: Ich mag Orte …

Ich mag Menschen. Und was sonst noch? Autos nicht. Auch nicht Computerspiele oder Fußballclubs. Jedenfalls nicht so, wie andere das mögen. Aber ich mag Orte. Ganz allein bin ich damit ja nicht. Ein ganzer Wirtschaftszweig, die Tourismusbranche, lebt vom Bedürfnis vieler Menschen, besondere Orte kennen zu lernen und einmal an einem anderen Ort zu sein. Millionen von Fotos schwirren ununterbrochen durch die Social Media: Schau mal, wo ich gerade bin! (Was eigentlich steckt hinter dem Wunsch, einmal besuchte Orte im Bild festzuhalten?) Regionale Reiseführer machen neugierig auf hundert wichtige oder magische oder besondere Orte. Urban Explorer sind auf der abenteuerlichen Suche nach Lost Places.

Ja, tatsächlich, ich mag Orte. Orte und Räume. Orte erzählen Geschichten. Orte vermitteln Gefühle. Orte können wie ein Spiegel sein, in dem ich etwas von mir selbst entdecke. Orte verbinden Menschen. Orte machen etwas mit mir. „Ich liebe die Stätte deines Hauses und den Wohnort deiner Herrlichkeit“, betet der Psalmist (Ps 26,8). Allerdings mag ich nicht nur besondere Orte, gotische Kathedralen etwa oder englische Parks, bekannte Plätze großer Städte, malerische Postkartenmotive aus den Alpen oder von der Nordsee. Auch Menschen sind ja nicht nur dann liebenswert, wenn sie gängigen Schönheitsidealen entsprechen. Im Gegenteil, gerade manche schrägen Vögel sind besonders sympathisch. Mit Orten ist es ähnlich.

Oft können auch unscheinbare, alltägliche und nicht gerade „hübsche“ Orte ansprechen, sie „haben etwas“: der Esstisch in der Küche oder ein Großraumwagen im ICE, eine Plattenbauwohnung oder die Kneipe um die Ecke, der Zeitungskiosk auf dem Weg zur Arbeit oder das Zimmer einer Bekannten im Pflegeheim.

Als Franziskaner wurde ich schon öfter versetzt und habe dabei erfahren: Es ist nicht egal, wo ich lebe. Ich fühle mich nicht überall gleich wohl und in gleicher Weise zu Hause. Ein Ort, eine Stadt, eine Landschaft machen etwas mit mir. Orte sind also wichtig. Aber sie sind nicht das letztlich Entscheidende. Meine Berufung kann ich an ganz unterschiedlichen Orten leben. Wichtiger als die Adresse ist das lebendige Beziehungsnetz der Bruderschaft und anderer Menschen. Natürlich tut es mir weh, wenn wir Klöster schließen und Orte aufgeben müssen, an denen wir seit Jahrhunderten verwurzelt waren. Doch zugleich erfahre ich: Das franziskanische Charisma hängt nicht an diesem oder jenem Ort. Ich bin woanders zuhause.

Bücher haben ihre Geschichte. Büchlein auch. Das Verhältnis von Spiritualität und Raum beschäftigt mich schon länger. Aber während ich in den letzten Monaten versucht habe, diese Überlegungen zu Papier zu bringen, haben mir einige aktuelle Beobachtungen und Erfahrungen neu bewusst gemacht, wie wichtig Orte und Räume für uns sind. Einige Schlaglichter sollen genügen:

Die Corona-Pandemie hat über lange Zeit hinweg Lebensräume verschlossen. Schulen und Kindergärten, Krankenhäuser und Altenheime, Kinos und Restaurants machten zu. Menschen wurden in ihre Wohnungen verbannt, arbeiteten im Homeoffice und waren von Beziehungen abgeschnitten. Das Fehlen von Räumen, das Eingeschlossensein an wenigen und immer gleichen Orten machte viele lustlos und aggressiv. Orte können guttun. Und Orte können krank machen.

Seit Februar 2022 verfolgen wir den russischen Angriffskrieg in der Ukraine. Einzelne Orte werden monatelang umkämpft, erobert und wieder zurückerobert. Die Nachrichten berichten über Geländegewinne von wenigen hundert Metern – und immer neuen Toten und Verletzten. Häuser und Wohnungen werden zerstört, Heimat wird zerbombt. Unzählige Menschen fliehen, müssen vertraute Orte verlassen. Die neuen Orte, an denen sie sich plötzlich wiederfinden, sind ihnen fremd. Nicht selten müssen sie dort erfahren: Wir sind hier nicht erwünscht.

Im November 1989 fiel die Mauer, die über Jahrzehnte Europa und die Welt in zwei Machträume gespalten hatte. Diese Grenze war ein Todesstreifen: Hier wurden Menschen erschossen, verbluteten, verschwanden in Gefängnissen. Inzwischen gibt es neue Zäune und Mauern: die Mauer zwischen Israel und Palästina, den Grenzzaun zwischen den USA und Mexiko, die Zäune in Marokko zwischen Afrika und Spanien, an der Grenze Ungarns zu Serbien und Kroatien …

Immer mehr Menschen, schon Kinder und vor allem Jugendliche, verbringen immer mehr Zeit in virtuellen Räumen. Der Cyberspace wird zur Heimat. Gleichzeitig verlieren bisherige Räume an Bedeutung: Was man bisher in Schuhgeschäften und Lebensmittelmärkten, in Apotheken, Reisebüros und Buchläden bekam, liefert jetzt das Internet. Auch Gebetsgruppen treffen sich im Netz, Gottesdienste werden gestreamt. Leben verlagert sich mehr und mehr in digitale Parallelwelten. Dabei verschwimmt die

Grenze zwischen realen und virtuellen Räumen, auch das Tummeln im Internet ist wirkliches Leben.

Wohnungen sind knapp in Deutschland. Wohnraum wird für viele Menschen zunehmend unbezahlbar. Werden wir in Zukunft noch genug Energie und Geld haben, um unsere Wohnungen im Winter zu heizen? Die lebensnotwendigen „eigenen vier Wände" scheinen in Gefahr, eine unverzichtbare Privatsphäre, die Sicherheit und Überschaubarkeit eines eigenen persönlichen Raums in einer unübersichtlichen und auseinander driftenden Welt.

Bisherige Kirchengemeinden verschwinden zugunsten immer größerer pastoraler Räume. Kirche wird dadurch oft nicht mehr so nah erlebt wie früher, erscheint anonymer und unpersönlicher. Diözesen reduzieren ihren Gebäudebestand, trennen sich von vertrauten Orten. Mit der Profanierung und dem Abriss von Kirchen und der Schließung von Klöstern verlieren gläubige Menschen Halt und Heimat. Christinnen und Christen in Deutschland sind auf dem Weg zu einer Minderheit, sie müssen sich in der Gesellschaft neue Räume schaffen und neu verorten.

„Ohne Ort kein Glück." Der schöne Satz stammt von Peter Handke.[1] Stimmt er auch? Einerseits ja: Ich mag Orte, weil ich spüre, dass Orte guttun. Sie vermitteln Zugehörigkeit, Heimat, Identität. Und tatsächlich – manchmal auch Glück! Das erlebe ich gerade an spirituellen Orten, an denen ich etwas von Gott erfahren darf. Andererseits stimmt er nicht. Denn Glück ist ein Vagabund. Es lässt sich nicht domestizieren und einsperren. Genauso wenig wie Gott.

Ich denke, es lohnt sich, ein wenig über das Verhältnis von Spiritualität und Raum nachzudenken. Das wird im vorliegenden Büchlein versucht. Dabei beginnt alles mit einer paradoxen Erfahrung: Ein Ort ist immer mehr als ein Ort! (1) Besonders deutlich wird dies an „Kraftorten" und „heiligen Orten" (2) und an Orten, die eine längst vergangene Geschichte vergegenwärtigen (3). Nach den Wundern sind vielleicht spirituelle Orte des Glaubens liebstes Kind, obwohl gerade die jüdisch-christliche Tradition deutlich macht, dass Gott eigentlich ortlos ist und damit überall (4). Darum haben sich gerade gläubige Menschen als „Pilger und Fremdlinge" verstanden und bewusst in der „Ortlosigkeit" verortet (5). Spätestens hier wird deutlich, dass die Frage nach dem Verhältnis von Spiritualität und Raum nicht nur geografisch lokalisierbare Orte betrifft. Es geht dabei auch um „Beziehungsräume" (6) und Raumvorstellungen als Ausdruck geistlicher Erfahrungen (7). Und am Schluss wird es dann konkret: Spiritualität will Erfahrungsräume eröffnen und geistliche Orte gestalten (8). Praktische Anregungen und Übungen bieten auch die „Kleinen Exerzitien im Alltag" am Ende jedes Kapitels.

Ohne Ort kein Glück? Um es gleich zu Beginn zu verraten: Diese Frage wird am Ende nicht mit einem klaren Ja oder Nein beantwortet. Manchmal lohnt sich ein Suchweg, auch wenn er letztlich nicht zu einem eindeutigen Ergebnis führt.

1. Genius loci – Ein Ort ist mehr als ein Ort

Ein Ort ist mehr als ein Ort. Ich erlebe das beim Bummel durch eine Stadt. Was ist das, eine Stadt? Es ist wie beim Häuten einer Zwiebel: Schicht um Schicht entdecke ich Neues. Zunächst einmal ist eine Stadt eine Ansammlung von Gebäuden und Menschen. Im Raumbehälter „Stadt" finde ich, anders als auf dem „Land", relativ nahe beieinander, was ich zum Leben brauche oder was meinen Alltag angenehm macht: Ärzte und Restaurants, Schulen, Geschäfte und Tankstellen, ein Kino vielleicht oder ein Theater, Kirchen, Museen, einen Sportplatz und vieles mehr. Eine Stadt ist darum ein sehr praktischer Ort. Wie diese Stadt heißt und wo sie liegt, ob es eine alte oder eine neue Stadt ist, spielt dabei keine entscheidende Rolle.

Eine weitere Dimension entdecke ich, wenn ich eine Stadt als Tourist erkunde. Dann erzählt mir die Stadt ihre Geschichte und dazu viele kleine Geschichten, die sich in ihr abgespielt haben und heute abspielen. Eine alte Burg, ein weitläufiges Industriegebiet, die historische City oder eine verträumte Parkanlage lassen mich eintauchen in eine Vergangenheit, die dieser Stadt heute einen bestimmten Charakter verleiht. Der praktische Container „Stadt", der so manches enthält, was ich gebrauchen kann, bekommt plötzlich persönliche Züge: Eine Stadt in der sie umgebenden Landschaft ist schön oder auch befremdend, romantisch oder modern, interessant oder langweilig. Nicht nur ich mache etwas in dieser Stadt, die Stadt macht etwas mit mir: Sie kann mich verzaubern oder abschrecken. „Ich liebe diese Stadt", sagt jemand.

Eine Stadt gewinnt nochmals an Tiefe, wenn ich dort geboren wurde oder einige Jahre meines Lebens verbracht habe. Sie ist dann ein Teil meiner persönlichen Biografie, untrennbar verbunden mit prägenden Erlebnissen und Erfahrungen, ein Stück von mir: Hier habe ich die Schule besucht, dort mit Freunden Fußball gespielt, meine Freundin zum ersten Mal getroffen, eine Lehre gemacht, dort habe ich mein erstes Geld selbst verdient, in diesem Krankenhaus meinen sterbenden Vater zum letzten Mal gesehen … Häuser und Straßen, Plätze und Parks haben Biografie gespeichert und geben sie wieder frei. Sie wecken Erinnerungen, erzählen meine eigene Geschichte, lassen längst verschollen geglaubte Gefühle wieder lebendig werden und mich eintauchen in eine ferne Vergangenheit, die plötzlich wieder gegenwärtig ist.

Eine letzte Dimension bekommt eine Stadt, wenn ich dort aktuell lebe: Hier wohnen Menschen, die mir wichtig sind. Über das Ineinander von Gebäuden, Straßen und Grün spannt sich ein Netz von Beziehungen, das in dieser Form nur mir bekannt ist, von meiner Familie zur freundlichen Verkäuferin in der Bäckerei um die Ecke und zu meinem Arbeitsplatz mit meinen Kolleginnen und Kollegen, von meiner Lieblingskneipe, in der ich mich mit Freunden treffe, bis zur Kirchengemeinde, in der ich aktiv bin. Die Stadt ist dynamischer Raum von Beziehungen und Begegnungen. Ein Ort ist immer mehr als nur ein Ort.

Ein Ort ist mehr als ein Ort. Die Orte, an denen ich bisher gelebt, die Räume, die ich lange bewohnt oder in denen ich besondere Erfahrungen gemacht habe, sind nicht austauschbare Kulissen meiner Biografie, sondern ein Teil von mir. Wer wäre ich, wenn ich an einem anderen Ort geboren wäre? Die Frage ist müßig. Sicher ist nur: Ich wäre nicht der, der ich jetzt bin. Biografie ist immer auch Topografie. Da gibt es die beruflich flexible Akademikerin, den unsteten Geschäftsreisenden oder den ungebundenen Weltenbummler, moderne Nomaden, ständig unterwegs. Andere Menschen sind mit Leidenschaft sesshaft. Der Philosoph Immanuel Kant etwa verbrachte fast sein gesamtes Leben in seiner Geburtsstadt Königsberg. Die Häuser eines Lebens erzählen eine Lebensgeschichte.

Ein Ort ist mehr als ein Ort. Ich lerne einen Menschen kennen, wenn ich die Orte seines Lebens kennenlerne: Hier ist er geboren, dort hat er seine Kindheit verbracht, da seine Ausbildung gemacht und gearbeitet. Pilgerfahrten sind keine Tourismusveranstaltungen. Der gläubige Besuch des Heiligen Landes wird zur Begegnung mit Jesus selbst. Wer in der Geburtsgrotte von Betlehem kniet, vom Berg der Seligpreisungen auf den See Gennesaret schaut oder in der Grabeskirche auf dem Felsen Golgota steht, kann eine tiefe Verbindung mit Jesus erfahren. Nicht umsonst wird das Heilige Land als fünftes Evangelium bezeichnet. Franziskanisch leben kann man überall. Aber selten komme ich Franz von Assisi persönlich so nahe wie an den Orten seines Lebens: im Halbdunkel der kleinen Kirche von San Damiano vor den Toren Assisis, in der er als junger Mann die Stimme vom Kreuz gehört hat; in der Grotte von Greccio, wo er drei Jahre vor seinem Tod mit den Bewohnern der Gegend und Ochs und Esel Weihnachten feierte; in der rauen Landschaft des La Verna in der Toskana, wo ihm der gekreuzigte Christus seine Wunden einprägte. Da wird Topografie zu einer spirituellen Biografie, Orte äußerer Lebensstationen werden zu Einstiegstoren in innere Erfahrung.

Ein Ort ist mehr als ein Ort. Die Römer erspürten den Genius Loci, ursprünglich ein mythologischer Schutzgeist, der deutlich macht: Ein Ort ist beseelt. Ein Ort hat einen bestimmten Charakter. Von ihm geht etwas aus. Er macht etwas mit uns. So oder so: Ein Ort kann Trost spenden oder Angst einflößen, beruhigen oder mich aufwühlen und aggressiv machen. Die offene Weite kann das berauschende Gefühl von Freiheit vermitteln oder Angst auslösen. Der abgeschlossene Raum kann heimeliger Rückzugsort sein oder auch in Panik versetzen, Enge und Angst hängen nicht nur etymologisch zusammen. Wir kennen beides: An manche Orte möchte ich unbedingt noch einmal zurückkehren. Menschen nehmen die Strapazen weiter Reisen auf sich, um noch einmal einen bestimmten Ort zu besuchen. Und es gibt unheilvolle Orte, die unerträglich sind, vor denen wir fliehen. Orte können eine destruktive Macht ausüben, noch Jahrzehnte später im Schlaf verfolgen und Alpträume auslösen. Es gibt das sprichwörtliche Paradies der Kindheit. Und die Hölle von Auschwitz.

Ein Ort ist mehr als ein Ort. Dies zeigt auch der Begriff der Heimat. Heimat verbindet sich mit konkreten Orten und ist doch mehr. Heimat kann man auch riechen und schmecken und hören. Heimat hat zu tun mit den Farben einer Landschaft, mit einer Sprachmelodie, mit den Gerüchen der Jahreszeiten, mit dem typischen Geschmack von dem, was man nur dort isst und trinkt. Heimat meint die Erfahrung von Geborgenheit und Daheimsein, von Sicherheit und Dazugehören. Heimat vermittelt Identität. Dem ins Exil verschleppten und in der Fremde verstreuten Volk verspricht Gott durch den Propheten Ezechiel, er werde es wieder sammeln und in sein Land zurückbringen, in die Heimat, zu seinem Ackerboden (vgl. Ez 36,24). Diese Verheißung transzendiert die historische Situation, in die sie einmal hineingesprochen wurde. Sie nährt die Hoffnung, den Ort zu finden, an den ich hingehöre und wo ich meine Wurzeln habe, den Quellgrund, der Leben ermöglicht. Das alles ist mehr als ein Ort und wird doch durch einen Ort vermittelt. Manchmal muss man erst Fremde und Entfremdung erleben, um Heimat zu ahnen, muss wie der verlorene Sohn weglaufen, um wieder heimkehren zu können. „Heimat ist, was man vermisst", titelte Sebastian Schnoy seine vergnügliche Suche nach dem deutschen Zuhause. Paradox der verlorenen Heimat: Ich kann mich tief festmachen an einem Ort, an dem ich nicht bin und der vielleicht gar nicht mehr existiert. E. Bloch nennt Heimat „etwas, das allen in die Kindheit scheint und worin doch noch niemand war".[2] „Wo gehen wir denn hin? Immer nach Hause", heißt es bei Novalis.

Heimat ist mehr als ein Ort: Die wenigen Quadratmeter, die ich brauche, um mein Bett, einen Kühlschrank und die Waschmaschine, den Schreibtisch und den Computer aufzustellen, finde ich schon irgendwo. Aber es ist nicht egal, wo ich lebe. Ich kann nicht überall gleich gut leben. Auch die Insassen eines Gefängnisses haben einen Raum zum Leben. Aber sie dürfen ihn nicht verlassen und andere Räume nicht frei betreten. Sie sind eingeschlossen und ausgeschlossen. Es ist schlimm, am falschen Platz zu sein. Am Ende des Zweiten Weltkriegs gab es in Europa Millionen von displaced persons. „Am falschen Ort sein" – unsere Sprache hat hier den gleichen Ausdruck für eine äußere Gegebenheit wie für eine innere Erfahrung. Wie schön ist es, wenn jemand „seinen Ort gefunden" hat.

Ein Ort ist mehr als ein Ort. Ende 2022 waren weltweit über 100 Millionen Menschen auf der Flucht. 100 Millionen Menschen, die ihre Heimat verlassen mussten und einen neuen Ort suchen, an dem sie leben können. Leben ist mehr als physiologisch zu vegetieren. Um leben zu können, brauche ich einen Ort für mich. In Konzentrations- und Arbeitslagern wurden Menschen auch dadurch psychisch zerstört, dass man sie wie Vieh zusammengepfercht und ihnen jede Privatsphäre genommen hat. Oft habe ich von der Not obdachloser Menschen erfahren, die in einer Massenunterkunft keinerlei persönlichen Rückzugsraum haben. Jeder Mensch braucht einen Platz, wo er auch einmal die Tür hinter sich zumachen kann. Ohne Ort kein Glück! Ohne Ort kein Leben. Ohne Ort auch kein geistliches Leben. Das gilt selbst für Franziskus. „Die Brüder sollen sich nichts aneignen, weder Haus noch Ort noch sonst eine Sache“, schreibt er in seiner Regel (BR 6,1, FQ 98). Zugleich aber legt er ihnen ans Herz, die Portiunkula niemals zu verlassen. Ja, werden sie auf der einen Seite hinausgejagt, sollen sie auf der anderen Seite wieder hineinkommen (vgl. 1 C 106, FQ 264). In dieser kleinen Kapelle in der Ebene unterhalb von Assisi hatte er im Evangelium seine Berufung entdeckt. An diesem Ort hatte er seinen Ort gefunden. Ohne diesen Ort konnte selbst er nicht leben. Sein erster Biograf Thomas von Celano deutet die Gemarkungsbezeichnung portiuncula, also „Portiönchen“, ein kleines Fleckchen Land, spirituell: Franziskus „wählte während seines Erdenlebens für sich und die Seinen ein ‚Teilchen‘ von der Erde aus; etwas musste er ja von der Erde haben, denn anders hätte er Christus nicht dienen können“ (2 C 18, FQ 310). Es ist nicht egal, wo ich lebe. Denn ein Ort ist mehr als ein Ort.

Es gibt eine Wechselwirkung: Orte prägen mich. Und ich gestalte meine Orte. Wie viel offenbart mir jemand, wenn er mich zu sich nach Hause einlädt. Wer mir seine Wohnung öffnet, eröffnet mir sehr viel von sich und seinem Leben, auch von seiner Spiritualität. „Zeig mir deine Wohnung, und ich ahne, wer du bist." Das gilt auch in einem größeren Kontext: Architektur ist etwas, was wir Menschen machen. Architekten sind Baumeisterinnen, Techniker, Künstlerinnen. Also Macher und Macherinnen. Andersherum stimmt die Aussage auch: Architektur macht etwas mit uns. Lieblose kleine Wohnungsschachteln können bedrücken. Die Bauten totalitärer Systeme erschlagen, machen klein, schüchtern ein. Dagegen lässt ein helles Zimmer mit großen Fenstern frei atmen. Eine gotische Kathedrale kann erheben. Eine eigene Wissenschaft, die Psychogeografie, beschäftigt sich mit den Wirkungen eines Raums auf das Erleben und Verhalten von Menschen. Ein Ort kann krankmachen oder heilsam sein. Ein Ort ist eben mehr als ein Ort.

Kleine Exerzitien im Alltag

- Ich zeichne eine Karte meiner biografischen Landschaft und meines bisherigen Lebenswegs. Wo komme ich her? Welche Orte haben mich besonders geprägt? Welche Orte belasten mich?
- Wo bin ich daheim? Ich notiere Namen von Orten und Namen von Menschen, Stichworte, Assoziationen, Bilder, Symbole …

2. Zieh deine Schuhe aus! – Von Kraftorten und heiligen Orten

Viele Menschen haben Lieblingsorte. Das kann ein außergewöhnlicher Ort sein – ein grandioser Berggipfel vielleicht, ein pulsierender Platz in einer bekannten Großstadt oder eine beeindruckende Kathedrale. Lieblingsorte müssen aber gar nichts Besonderes an sich haben. Sie können auch ganz gewöhnlich und völlig unspektakulär sein, für mich aber trotzdem wichtig und wertvoll, weil ich sie mit besonderen Erfahrungen und Erinnerungen verknüpfe: Räume der Kindheit etwa; eine Stadt, in der ich mich für einige Jahre meines Lebens besonders lebendig gefühlt habe; eine Landschaft, die meine Seele zum Schwingen bringt. Lieblingsorte sind meistens zugleich „Kraftorte". Sie helfen, abzuschalten und zur Ruhe zu kommen, hier kann ich Atem schöpfen und neue Energie gewinnen. Mein Kraftort kann ein immer wieder gegangener Spazierweg sein, ein lauschiger Biergarten, eine stille Kirche oder einfach ein bequemer Sessel in meiner Wohnung.

Ein Mitbruder hat mir einmal erzählt: Wenn Schwierigkeiten scheinbar übermächtig werden und Fragen sich so verheddern, dass er den Durchblick verliert, dann setzt er sich in sein Auto und fährt – nein, nicht zu einem Freund und auch nicht zu einer Wallfahrtskirche, sondern zu einer geschätzt 500-jährigen Eiche irgendwo am Waldrand bei den Mauerresten einer Ruine. Dann setzt er sich auf die Bank unter diesen uralten Baum, betrachtet den knorrigen Stamm, schaut nach oben in die weit ausladende

Krone oder hört auf das Ächzen der vom Wind gebeugten Äste. Dabei könne er gut zur Ruhe kommen, er bekäme den Kopf wieder frei und oft würden sich Dinge wie von selbst sortieren.

Leben geht immer vorwärts. Aber wer vorwärtslebt, braucht Rückzugsorte, die es ermöglichen, sich für eine gewisse Zeit aus dem Alltag herauszunehmen. Kaiser Hadrian genoss das Alleinsein im teatro marittimo, einem Miniaturpalast auf einer von einem Kanal kreisförmig umzogenen künstlichen Insel in seiner weiträumigen Sommerresidenz bei Tivoli in der Nähe Roms. „Sanssouci" nannte der alte Fritz sein „Lustschloss" in Potsdam, um sich dort „ohne Sorgen" nur mit seinen Hunden zurückzuziehen. In der Gründerzeit bauten sich begüterte Industrielle gerne eine Villa Tusculum. Der Unterschied solcher Kunstwelten vergangener Epochen zu unseren heutigen Ferienparks und Wellness-Landschaften und zu den unzähligen Wochenendhäuschen, Gartenlauben und Feriendatschen ist wohl nur graduell. Und auch wenn ich mir Jesus nicht in einer Hütte im Schrebergarten vorstellen kann, so lud selbst er die Jünger ein, sich mit ihm an einen einsamen Ort zurückzuziehen, um einmal allein unter sich zu sein und ein wenig auszuruhen. „Denn sie fanden nicht einmal Zeit zum Essen, so zahlreich waren die Leute, die kamen und gingen" (Mk 6,31).

„Es ist gut, dass wir hier sind", sagt Petrus bei der Verklärung Jesu auf dem Berg Tabor (Mk 9,5 parr). Dieser Ort tut ihm gut. Wir brauchen gute Orte in unserem Leben, Andersorte, die sich abheben vom Alltag. „Ich muss einfach einmal ein paar Tage raus", sagen wir manchmal. Ortswechsel können heilsam sein. An einem anderen Ort bin ich oft ein anderer Mensch. Es gibt Orte, da fühle ich mich „wie neu geboren“. Orte können verwandeln und neues Leben schenken.

Was eigentlich macht einen Ort zu einem besonderen Ort? Zunächst einmal: Er ist für mich „anders“, „außergewöhnlich“, unterscheidet sich von anderen Orten. Der 1984 in Paris verstorbene Philosoph Michel Foucault hat den Begriff der Heterotopie geprägt: Der Andersort ist eine aus dem üblichen Raum herausgenommene alternative Gegenwelt, in der andere Regeln gelten. Hier können vergangene Lebensweisen wie in einem Sonderraum fortgeführt, kritische Gegenentwürfe zur gesellschaftlichen Realität ausprobiert oder künftig erhoffte und vielleicht sogar utopische Zustände vorweggenommen werden.

Ein besonderer Andersort ist der heilige Ort, der sich klar von seiner Umgebung unterscheidet und abgrenzt. Das lateinische Wort fanum bezeichnet das Heiligtum, das dann im Umkehrschluss den Raum davor und ringsum als pro-fan charakterisiert: Profan ist also der Raum außerhalb des heiligen Ortes. Eine mögliche Etymologie des griechischen temenos, des Tempelbezirks, bzw. dann der lateinischen Vokabel templum führt beide Begriffe auf das griechische Verb temnein zurück, was schneiden oder abschneiden bedeutet. Somit wird der Tempel, der heilige Ort, aus dem gewöhnlichen Raum herausgeschnitten und klar von ihm getrennt. Mose schlägt das Offenbarungszelt „außerhalb des Lagers auf, in einiger Entfernung vom Lager“ (Ex 33,7). Auch das Recht der katholischen Kirche grenzt den heiligen Ort scharf von seinem profanen Umfeld ab. Die Segnung oder Weihe eines Ortes nimmt ihn aus dem profanen Bereich heraus und erklärt ihn zum Raum für den Gottesdienst bzw. die Begegnung mit Gott. „An einem heiligen Ort darf nur das zugelassen werden, was der Ausübung oder Förderung von Gottesdienst, Frömmigkeit und Gottesverehrung dient, und ist das verboten, was mit der Heiligkeit des Ortes unvereinbar ist" (c. 1210). Die Heiligkeit eines Ortes kann verletzt, ein heiliger Ort „geschändet" werden. Wird ein Kirchengebäude nicht mehr benutzt, muss es durch Dekret des Bischofs „profaniert", d. h. dauerhaft wieder dem profanen Gebrauch zugeführt werden (vgl. c. 1212).

Wird der heilige Ort gemacht oder schon vorgefunden und dann erlebt? Wahrscheinlich trifft beides zu. Heilige Orte in den verschiedenen Religionen besitzen oft aus sich heraus eine anziehende Strahlkraft, bei der das äußere Erleben wie von selbst zu einer inneren Erfahrung führt. Das gilt für den Berg, der sich von den Niederungen des Alltags abhebt, der Distanz schafft und einen Überblick ermöglicht; für die Quelle, aus der frisches lebensspendendes Wasser sprudelt; für den einsamen Ort, der sich von der hektischen Vielfalt der Stadt abhebt und dessen Stille und Weite beruhigen. Solche Orte setzen bei dem Menschen, der dort verweilt, etwas in Bewegung, lösen etwas aus. „Hier kann man gut beten", erfahren Christinnen und Christen an einem Wallfahrtsort, ohne vielleicht genau sagen zu können, warum das so ist. Nicht umsonst haben manche christliche Kirchen und Wallfahrtsorte eine lange spirituelle und kultische Geschichte, die weit in die Zeit vor Christus zurückreicht. Auch Jesus hat sich zum Gebet immer wieder an besondere Orte zurückgezogen, in die Einsamkeit oder auf einen Berg. Zugleich aber wird das „Heilige" des heiligen Ortes zusätzlich von Menschen verstärkt und gesichert: Der Hohepriester darf nur einmal im Jahr das Allerheiligste betreten. Katholische Kirchen sind Räume der Stille inmitten einer vielleicht lauten Stadt. In bestimmten Wallfahrtsbezirken ist Schweigen geboten. Die Moschee betreten Beterinnen und Beter ohne Schuhe, in einer katholischen Kirche legen Männer ihre Kopfbedeckung ab. Wie das „Kloster", das claustrum, also der geschlossene Raum, sind oft auch heilige Orte von Mauern umgeben. Altchristliche Basiliken kennen einen Schwellenraum, der den Übergang von draußen nach drinnen, vom profanen in den heiligen Bezirk markiert. Dieser Narthex, die Vorhalle, ist der Raum für diejenigen, die noch nicht ganz oder nicht mehr ganz dazugehören, für die Taufbewerber und Taufbewerberinnen und die Büßenden. „Komm nicht näher heran!", hört Mose in der Wüste die Stimme aus dem brennenden Dornbusch. „Leg deine Schuhe ab; denn der Ort, wo du stehst, ist heiliger Boden" (Ex 3,5).

Ein heiliger Ort hat einen sakramentalen Charakter: Er bewirkt, was er anzeigt. Er lädt ein zur Stille und erzeugt Stille. Er verweist auf Gott und lässt ihn zugleich erfahren. Besonders anschaulich wird dies im heute politisch umstrittenen Kirchenasyl, das es ähnlich auch in anderen Kulturen und Religionen gibt. Das Heiligtum bot Schutz und einen „Frei-Raum" für verfolgte Menschen. Wer sich an einem bestimmten Ort aufhielt, stand dabei im Einflussbereich der dort anwesenden Gottheit und war anderen Mächten entzogen. Ähnlich garantiert die Bannmeile im Umkreis wichtiger Gebäude der Verfassungsorgane einen „befriedeten Bezirk" und damit Sicherheit für alle, die dort tätig sind.

Heilige Orte werden also „entdeckt" und zugleich bewusst gestaltet. Eine romanische Dorfkirche vermittelt Geborgenheit, eine gotische Kathedrale zieht mit den Blicken auch das Herz nach oben, ein mittelalterlicher Kreuzgang ist gebaute Stille. Die Architektur christlicher Kirchen schafft und gestaltet Erlebnisräume: Der Turm weist von der Erde zum Himmel. Portale führen hinein und hinaus. Die Höhe und Weite des Kirchenschiffs lassen Freiheit und Größe spüren. Der gegliederte Raum bringt von selbst zum Gehen, ist nur als Weg erfahrbar. Die Krypta lädt ein in die Tiefe. Stufen führen nach oben und nach unten. Solche Räume, von Menschen gemacht, machen etwas mit uns. Sie führen zur Begegnung mit sich selbst und vermitteln eine Ahnung von einer Wirklichkeit, die uns übersteigt und zugleich trägt und birgt. „Hier wohnt Gott", sagen wir vielleicht einem Kind. Wenn heute Kirchen profaniert und abgerissen werden, fehlen nicht nur markante Punkte im Stadtbild und ein paar Touristenziele. Da fehlen Räume, in denen wir uns erfahren können und die uns zugleich über uns hinausweisen.

Sosehr sich der heilige Ort auch deutlich vom profanen Bereich abhebt, er ist doch nicht einfach nur von ihm getrennt. Heilige Orte prägen oft das Ganze einer Raumlandschaft. Der Tempel auf dem Berg überragt als unübersehbarer Orientierungspunkt eine gesamte Region. Die geläufige Redewendung, „die Kirche im Dorf zu lassen", zeigt, wie selbstverständlich ein Kirchengebäude einen überschaubaren alltäglichen Lebensraum zentriert hat. Sakrale und profane Räume sind also gerade in ihrer Unterschiedlichkeit vielfach aufeinander bezogen.

Kleine Exerzitien im Alltag

– In der Familie, in meiner Gemeinschaft, im Freundeskreis oder mit guten Bekannten erzählen wir einander, welche Orte uns guttun und Kraft geben. Ich lade einen Menschen, zu dem ich Vertrauen habe, ein, mit mir einen meiner „Kraftorte“ zu besuchen, und bitte ihn, mir seinen „Kraftort“ zu zeigen.

– Ich besuche einen Wallfahrtsort in der Nähe oder einen anderen Ort, an dem ich gut beten kann.

3. Genau hier – Orte haben ihre Geschichte

Über die Landschaften des Alltags spannt sich ein Erinnerungsnetz, das gewohnten und gewöhnlichen Orten plötzlich unerwartete Tiefe verleihen kann. Erinnerungsplaketten und Denkmäler brechen die Gegenwart auf und holen Vergangenes ins Heute zurück: Genau hier ist es geschehen! Dabei ist die Bandbreite dieser Vergegenwärtigungs-Kultur groß, die erinnerten Geschehnisse könnten unterschiedlicher nicht sein: Hier übernachtete Goethe. Hier rastete Napoleon. Hier wurde jene Malerin geboren, wohnte eine bekannte Schauspielerin, starb der berühmte Komponist. Gerade auch die dunkelsten Seiten der Geschichte bleiben so präsent: Denkmäler erinnern an grausame Schlachten vergessener Kriege. Schlichte Gedenktafeln berichten von politischen Attentaten. Stolpersteine rufen jüdische Mitbürgerinnen und Mitbürger, die von den Nationalsozialisten verfolgt und ermordet wurden, ins Gedächtnis zurück. Die Erinnerungskraft bestimmter Orte reicht bis ins Private und Persönliche, wo ein Holzkreuz am Straßenrand zum Gedenken an Menschen aufruft, die dort bei einem Unfall ihr Leben verloren. Dabei kann die Bedeutung eines Ortes so stark sein, dass er auch dann noch etwas ausstrahlt, wenn er sein Gesicht längst verändert hat und nur noch indirekt auf das verweist, was ihn einmal von anderen Orten unterschieden hat. Verschwundene Orte können immer noch gegenwärtig sein als Sehnsucht oder als Wunde. So markieren Infotafeln etwa den Standort längst abgerissener Geburtshäuser bekannter Persönlichkeiten oder den Verlauf des Eisernen Vorhangs, der 40 Jahre Europa teilte, auch wenn über den Todesstreifen schon seit Jahrzehnten Gras gewachsen ist. Soll man etwa im Krieg zerstörte Räume und Gebäude wieder originalgetreu rekonstruieren oder bewusst darauf verzichten? So unterschiedlich die erinnerten Geschehnisse auch sind, sie verbindet das berührende und fast magisch anmutende Bewusstsein: Das ist der Ort! Hier ist es passiert!

Was geschieht eigentlich an solchen Erinnerungsorten? Woher kommt dieser Wunsch, einen Ort zu markieren, der für bestimmte Menschen eine besondere Bedeutung hat? Warum machen sich Menschen auf den Weg, um dort zu sein, wo sie sagen können: Hier! Genau hier war es! Scheinbar schafft ein Ort eine Verbindung, die über ein bloß gedankliches Erinnern hinausgeht. Ein Ort hat nicht nur die Kraft, neu zu gebären, er vermag es auch, in die Vergangenheit zurückzuversetzen bzw. Vergangenes zu vergegenwärtigen. Ein Ort und die damit verbundenen Erinnerungen überdauern ein kurzes Menschenleben und verbinden Menschen durch Generationen hindurch. Ein Ort ermöglicht ein Eintauchen in einen entschwundenen Grund, schafft über lange Zeitdistanzen hinweg Gleichzeitigkeit mit etwas, das längst vergangen ist, und damit Kontinuität über Jahrzehnte und Jahrhunderte. Auf diese Weise gewinnt ein Ort auch außerhalb der explizit religiösen Sphäre eine sakramentale Dimension: Er ist mehr als eine topografisch zu bestimmende Stelle, weist erinnernd über sich hinaus auf etwas, was er zugleich erfahrbar macht und vergegenwärtigt. Auf diese Weise vermittelt er so etwas wie Transzendenz. Darum wohl zieht es viele Menschen immer wieder zurück an Orte, die einmal für ihr Leben wichtig waren. Das Wiedersehen mit der Heimat und der Spaziergang auf vertrauten Wegen der Jugendzeit werden zur Begegnung mit sich selbst: Was ich damals hier erlebt habe, ist nicht einfach vorbei, es hat mich geprägt und bestimmt mich noch heute. Ich kann nicht zurück in meine Vergangenheit, aber ich kann zurück an die Orte der Vergangenheit. Und diese Orte vergewissern mich der eigenen Biografie, beheimaten mich in einem größeren Zusammenhang, sind Ausweis meiner Identität. Sie lassen mich eintauchen in die Gnade der Ursprünge, in die Sehnsüchte und Träume des Anfangs. Und selbst da, wo sie weh tun, weil sie an unerfüllte Hoffnungen, falsche Entscheidungen und schmerzhafte Enttäuschungen erinnern, bringen sie mich mit mir selbst in Berührung.

Orte können darum auch eine therapeutische Funktion haben. Menschen möchten vor ihrem Tod noch einmal unbedingt einen bestimmten Ort aufsuchen, um das dort Geschehene zu verarbeiten und abzuschließen. Ein Wiedersehen mit der durch Krieg, Flucht und Vertreibung verlorenen Heimat wird oft alte Wunden aufreißen, kann aber auch zu Heilung und Versöhnung verhelfen. Das Verweilen an einem Ort, an dem jemand mit einem lieben Verstorbenen gute Zeit verbracht hat, tut weh, ist aber auch ein Stück Trauerbewältigung. Erinnerung braucht Orte und Trauer braucht Orte. Für sehr viele trauernde Menschen ist es wichtig, das Grab des verstorbenen Menschen aufsuchen zu können. Das Zwiegespräch auf dem Friedhof und das Eintauchen in die Vergangenheit können helfen, in der Gegenwart zu leben. Was bedeuten in diesem Zusammenhang die sich verändernde Bestattungskultur, anonyme Grabflächen oder die Verlagerung des Gedenkens von einem konkreten Ort auf einem Friedhof zu einem virtuellen Ort in einem digitalen Gedenkportal?

Erinnerung braucht Orte. Genau hier ist es geschehen! Ein Ort spricht also nicht nur aus sich selbst heraus an, etwa weil er landschaftlich besonders schön ist, sondern oft auch deswegen, weil er angefüllt ist mit Geschichte, mit Erinnerungen, mit Gefühlen und Erfahrungen. Dabei kann ein und derselbe Ort für unterschiedliche Menschen ganz unterschiedlich besetzt sein. Der eine sehnt sich nach einer Stadt zurück, weil er dort die glücklichsten Jahre seines Lebens verbracht hat, die andere möchte in dieselbe Stadt nie mehr zurückkehren, weil sie mit belastenden Erinnerungen verbunden ist. Und für einen Dritten ist diese Stadt völlig uninteressant, er war noch nie dort. Orte, die sich mit einer bestimmten Geschichte verbinden, können darum zu Symbolen von Ideen werden. Wie viele Assoziationen verbinden sich mit scheinbar sachlichen „Ortsangaben" wie etwa dem Brandenburger Tor oder der Frankfurter Paulskirche, den Twin Towers bzw. dem Ground Zero in New York, dem Archipel Gulag, Stalingrad und Auschwitz? Orte der Erinnerung an Vergangenes haben zugleich oft eine entscheidende Funktion für die Zukunft: Die Gedenkstätten an Orten des nationalsozialistischen Terrors wollen mit der Erinnerung an das Leid der Geschichte die Wachsamkeit schärfen für politische und gesellschaftliche Entwicklungen in der Gegenwart und damit Zukunft gestalten.

Orte mit geschichtlicher Erinnerung können ideologisch missbraucht werden. Historische Ereignisse sind immer verschieden interpretierbar, enthalten je nach Perspektive unterschiedliche Botschaften und können manipulativ zu eigenen Zwecken gedeutet werden. Damit werden Orte zu Behältern, die mit politischen Inhalten gefüllt und für politische Ziele instrumentalisiert werden können. So haben die Nationalsozialisten für die deutsche Geschichte wichtige Orte wie Quedlinburg oder Nürnberg für die menschenverachtende Ideologie ihres „Dritten Reichs" missbraucht. Und Christinnen und Christen haben heidnische Kultstätten in ihr neues spirituelles Programm integriert und „getauft". Orte haben Macht und Ausstrahlung über Jahrhunderte hindurch. Mancher Ort enthält politischen Sprengstoff. Der Besitz und die Gestaltung von Orten kann Ausdruck von Macht und Machtanspruch sein. Es gibt blutige Kämpfe um wichtige, symbolisch aufgeladene Orte, die verteidigt oder erobert und zerstört werden. Menschen sterben für Orte und Menschen töten für Orte.

Genau hier ist es geschehen! Diese Ortserfahrung bekommt eine besondere Bedeutung in den heilsgeschichtlichen Religionen des Judentums, des Christentums und des Islam. Der transzendente Gott tritt an einer bestimmten Stelle ein in unsere Zeit und in unsere Welt, der unsichtbare Gott lässt sich sehen und hören, der unbegrenzte Gott lokalisiert sich an einem ganz bestimmten Ort. Hic verbum caro factum est. Hier, genau hier, ist das Wort Fleisch geworden, steht auf dem Altar der Verkündigungsbasilika in Nazaret. „Hic de virgine Maria Jesus Christus natus est", ist auf dem vierzehnzackigen goldenen Stern in der Geburtsgrotte in Betlehem zu lesen, „Hier wurde von der Jungfrau Maria Jesus Christus geboren". Dieses „Hic" hat Christinnen und Christen seit Jahrhunderten auf den Weg gebracht, um oft unter unvorstellbaren Strapazen die Stätten der geschichtlichen Offenbarung zu besuchen, Betlehem und den Berg der Seligpreisungen, den Tabor, den Abendmahlssaal und die Grabeskirche in Jerusalem.

Genau hier ist es geschehen! Was in der Inkarnation begann, setzt sich in der christlichen Spiritualität fort: Der Geist Gottes lokalisiert sich, eine allgemeine religiöse Erfahrung wird an einem bestimmten Ort konkret. Was theoretisch überall geschehen könnte, ist nun einmal historisch an einem bestimmten Ort passiert: Franz von Assisi hat in San Damiano die Stimme des Gekreuzigten gehört. Ignatius von Loyola hat in Manresa jene radikalen existentiellen Erfahrungen gemacht, die er später, systematisch reflektiert, in seinem Exerzitienbuch weitergibt. Paul Claudel wird als junger Mann, von Glaube und Kirche gleicherweise entfernt, während der Vesper am Weihnachtstag 1886 in der Kathedrale Notre-Dame in Paris unvermittelt von der Gegenwart Gottes überwältigt. Hic! Hier ist es passiert!

Hier, genau hier ist es geschehen! Gerade im christlichen Bereich hat die Faszination bestimmter Orte dazu geführt, diese nachzubauen und in ganz anderen geografischen Zusammenhängen zu kopieren. Wer nicht nach Jerusalem pilgern konnte, dem standen hier in Europa Kalvarienberge, Kreuzwege und „Heilige Gräber“ offen. Lourdesgrotten und Schönstatt-Kapellen holen weit entfernte Orte buchstäblich in den eigenen Vorgarten. Auch die franziskanische Geschichte kennt solche Architekturkopien. In der Portiunkulakapelle, Santa Maria degli Angeli, hatte Franziskus das Evangelium von der Aussendung der Jünger gehört und dabei den endgültigen Durchbruch seiner Berufung erlebt. Dieser Ort ist ihm so wichtig, dass er auch auf dem La Verna eine kleine Kapelle errichten lässt, die Maria zu den Engeln geweiht ist. Der franziskanische Chronist Marianus von Florenz (gest. 1523) berichtet, Franziskus selbst habe gewünscht, die Kapelle der Einsiedelei

La Romita bei Cesi nach dem Vorbild des Portiunkulakirchleins zu errichten, genauso groß und ebenfalls Maria von den Engeln geweiht. Es ist, als wollte Franziskus auch fern von Assisi immer wieder neu in den Raum seiner Berufung eintreten und dort auch sinnenhaft spürbar die Gnade des Ursprungs reaktivieren. Hic! Hier ist es passiert!

Wallfahrten und Pilgerreisen zeigen deutlich: Der Weg ist nicht das Ziel. Der Weg ist wichtig. Das Unterwegssein fordert heraus, stellt Fragen, konfrontiert mit sich selbst. Der Weg verändert. Aber als Pilgerweg ist er nicht selbst das Ziel, sondern hat ein Ziel: einen besonderen Ort, einen heilsamen Ort, einen heiligen Ort. Die tausend Orte unterwegs, durch die der Weg führt, leben von dem einen Ort, zu dem der Weg führt. Wege und Straßen haben nur dann Sinn, wenn ich weiß, wohin sie führen. Das ehemals christliche Europa ist durchzogen von einem Geflecht von Pilgerwegen zu den großen Wallfahrtsorten wie Rom, Santiago de Compostela, dem Monte Gargano, Canterbury, Altötting … und vielen, vielen kleinen heiligen Kraftorten. Diese spirituellen Verbindungslinien liegen wie ein unsichtbares Wasserzeichen unter dem aktuellen Netz von Straßen und Wegen. Spirituelle Orte haben lange Zeit den Menschen nicht nur geistlich ausgerichtet, sondern auch ganz praktisch die Richtung gewiesen: In der Synagoge zeigte die Misrachwand mit dem Toraschrein die Richtung nach Jerusalem an, dort stand der Tempel, der Ort der Gegenwart Gottes. Eine christliche Kirche ist üblicherweise geostet, orientiert die Betenden hin auf den Aufgang der Sonne als Sinnbild des auferstandenen Christus.

Johannes Pinsk (gest. 1957), in den 1930er Jahren Studierendenseelsorger in Berlin und später Pfarrer in der Gemeinde Mater Dolorosa in Berlin-Lankwitz, ließ in den Altarraum seiner Pfarrkirche Steine von drei für die Geschichte Europas und der Welt bedeutenden Hügeln verlegen: einen Stein von der Akropolis, einen Stein vom Kapitol und einen Stein vom Golgota-Hügel in Jerusalem. Orts-Reliquien dreier Berge, auf denen Geschichte geschah, die Geschichte machten und die heute Geschichte immer noch bestimmen.

Kleine Exerzitien im Alltag

- Ich durchstöbere die Fotos auf meinem Handy und im Computer, alte Fotoalben und Ansichtskarten. Sie lassen mich an viele Orte zurückdenken. Ich nehme bewusst wahr, was mich in meinem Zimmer und in meiner Wohnung an bestimmte Orte erinnert – Bilder, Geschenke, Mitbringsel von Reisen. Ich höre diesen Bildern und Erinnerungen zu und lasse mir von ihnen ihre und meine Geschichte neu erzählen.
- Das Neue Testament enthält viele Ortsangaben. Sie sind gefüllt mit Jesus-Geschichten und stehen für das, was Jesus dort getan und gesagt hat, für Begegnungen mit Menschen: Betlehem, Nazaret, Kafarnaum, Kana, Nain, Jericho, der Tabor, Betanien, Jerusalem, der See Gennesaret, die Wüste … Ich schreibe solche Ortsnamen auf. Welcher Ort ist mein Ort? Ich versetze mich im Gebet an diesen Ort und begegne dort Jesus.
- An welchen Ort meiner Geschichte möchte ich nochmals zurückkehren? Wenn es möglich ist, dann tue ich es!

4. Kein Ort. Nirgends – Der ortlose Gott ist überall

Jeder Ort ist begrenzt. Grenzen erst konstituieren den Ort: Hier ist es geschehen, nicht dort, nicht überall. Gott lässt sich nicht in Grenzen einzwängen, er selbst ist grenzenlos. „Was wäre das für ein Haus, das ihr mir bauen könntet?“, fragt er beim Propheten Jesaja, schließlich ist doch „der Himmel sein Thron und die Erde der Schemel seiner Füße“, er hat ja alles gemacht (vgl. Jes 66,1f). Gott ist transzendent, ganz anders, keine Größe in Raum und Zeit. Was für ein Paradox: Der begrenzte heilige Ort will Raum sein für den Unbegrenzten! Letztlich hebt er damit sich selbst auf! Das erfährt auch der König Salomo. Nachdem er den Tempel in Jerusalem hat errichten lassen, muss er sein eigenes religiös ambitioniertes Bauprojekt relativieren, ja eigentlich radikal in Frage stellen: „Wohnt denn Gott wirklich auf der Erde? Siehe, selbst der Himmel und die Himmel der Himmel fassen dich nicht, wie viel weniger dieses Haus, das ich gebaut habe“ (1 Kön 8,27). Gott ist gegenwärtig im Allerheiligsten – aber dieser Raum ist nicht zugänglich, nur der Hohepriester darf ihn einmal im Jahr am Versöhnungstag betreten. Dieser Raum ist leer, hier steht kein Bildnis. Und er ist dunkel. Salomo ist erstaunt: Gott hat die Sonne an den Himmel gesetzt, selbst aber will er im Dunkel wohnen (vgl. 1 Kön 8,12 in der sog. Septuaginta, der griechischen Übersetzung des Alten Testaments). Der Tempel ist der Ort Gottes, aber zugleich verhüllt und entzieht er diesen Gott.

Wenige Jahre vor der Zerstörung des Tempels durch Nebukadnezzar warnt Gott durch den Propheten Jeremia vor einer falschen Tempelsicherheit: „Vertraut nicht auf die trügerischen Worte: Der Tempel des Herrn, der Tempel des Herrn, der Tempel des Herrn ist dies!" Nur wenn das Volk sein Verhalten ändert, vor Gericht gerecht entscheidet, die Fremden, Waisen und Witwen nicht unterdrückt, nur „dann will ich bei euch wohnen hier an diesem Ort" (vgl. Jer 7,4–7). Die radikalste Relativierung des Tempels geschieht durch Jesus. Die samaritanische Frau hatte ihm am Jakobsbrunnen eine der zentralen Streitfragen zwischen Juden und Samaritanern vorgelegt: Soll Gott im Tempel in Jerusalem oder auf dem Berg Garizim verehrt werden? Dahinter steht die Überzeugung: Die Gottesbeziehung hängt am Ort. Der Ort entscheidet zwischen richtiger und falscher Frömmigkeit. Jesus verneint dieses Denken. Beide Orte sind relativ. Der Ort ist nicht ausschlaggebend, da „die wahren Beter den Vater anbeten werden im Geist und in der Wahrheit" (vgl. Joh 4,20–24).

Der Tempel ist Symbol eines Paradoxes und einer Unmöglichkeit: Wohnort Gottes, der diesen Gott nicht fassen kann. Doch beginnen wir grundsätzlich. Es ist das Provozierende und Atemberaubende der jüdisch-christlichen Offenbarung, dass der Gott jenseits von Raum und Zeit sich in Raum und Zeit erfahrbar macht. Dazu muss er sich begrenzen, klein machen, sich selbst zurücknehmen. Dies beginnt bereits bei der Schöpfung. Darüber staunt die jüdische Mystik der Kabbala in der Lehre vom Zimzum: Der allgegenwärtige Gott muss sich selbst zurückziehen, sich in sich selbst kontrahieren, um Raum zu schaffen für seine Schöpfung, die er nicht ist und in der er doch gegenwärtig ist. Erst diese Selbstbegrenzung Gottes macht Platz auch für einen ganz und gar freien Menschen. Ihren Höhepunkt erreicht die Selbstbegrenzung Gottes in seiner Menschwerdung. Frühchristliche Hymnen auf die Gottesmutter Maria jubeln über dieses unfassbare Geheimnis: „Du hast in deinem Schoß umfangen, den kein Raum zu fassen vermag“, so Cyrill von Alexandrien (gest. 444). „In deinem Schoß schließt der sich ein, dessen Hand die Welt umfängt“, staunt Venantius Fortunatus ein Jahrhundert später. Eine Futterkrippe und zwei Kreuzbalken werden zum Ort eines Gottes, der alle Orte und Räume transzendiert.

Dass sich Gott nicht an einem Ort festmachen lässt, erfahren bereits die Patriarchen des ersten Bundes. Sie begegnen diesem Gott zwar an bestimmten Orten und errichten ihm dort Altäre – Abraham in Sichem und in Hebron bei den Eichen von Mamre, Isaak in Beerscheba oder Jakob in Bet-El. Sie müssen aber lernen, dass ihr Gott sich von den anderen altorientalischen Gottheiten unterscheidet: Sein Machtbereich ist nicht räumlich begrenzt. Er bindet sich nicht an einen Ort, sondern in Beziehungen. Er ist kein lokaler Gott, sondern der Gott der Mütter und Väter, der Gott Saras und Abrahams, der Gott von Rebekka und Isaak und Lea, von Rahel und Jakob (vgl. Ex 3,16). Aus einem Ortsgott wird ein Beziehungsgott. Wer diesem Gott nahe sein will, muss keinen bestimmten Ort aufsuchen. Weil dieser Beziehungsgott sich an Menschen bindet, kann er überall sein. Das erfährt Jakob im Traum von der Himmelsleiter. „Ich bin mit dir, ich behüte dich, wohin du auch gehst.“ Die unerwartete Zusage Gottes erstaunt: „Wirklich, der Herr ist an diesem Ort und ich wusste es nicht“ (Gen 28,15f). Dieses Versprechen Gottes, beim Einzelnen und darum überall zu sein, durchzieht die Heilige Schrift und wird so zur Grundüberzeugung glaubender Menschen (vgl. Dtn 31,6; Jos 1,9; 2 Sam 7,9; Ps 139,8–12; Jes 41,10).

Gott bindet sich aber nicht nur an einzelne Menschen, sondern vor allem in großer Treue auch an sein Volk. Der Beziehungsgott ist beweglich und zieht mit. Das erfährt Israel beim Exodus aus Ägypten und auf seiner Wüstenwanderung. Wolkensäule und Feuersäule als Zeichen der Gegenwart Gottes sind eben nicht an einen Ort gebunden, sondern an das Volk, sie gehen ihm voraus und weisen den Weg. Beweglich ist darum auch das Bundeszelt, ein transportabler und wandernder Gottes-Ort, also tatsächlich ein „ortloser Ort", Stätte eines Gottes, der mitgeht, heute hier ist und morgen dort und darum letztlich überall. Paulus wird später die Erfahrung des Volkes, auf seiner Wüstenwanderung von Gott geführt und am Leben erhalten zu werden, überraschend deuten als Vorausbild einer Begleitung durch Christus: „Alle tranken aus dem geistgeschenkten Felsen, der mit ihnen zog. Und dieser Fels war Christus" (1 Kor 10,4). Was für ein Bild: Der Felsen, dem das lebenserhaltende Wasser entspringt, zieht mit durch die Wüste! Der feste Tempel dagegen scheint Gott anfangs regelrecht fremd: „Du willst mir ein Haus bauen, damit ich darin wohne?", fragt der Beziehungsgott durch den Propheten Natan den König David. „Seit dem Tag, als ich die Israeliten aus Ägypten heraufgeführt habe, habe ich bis heute nie in einem Haus gewohnt, sondern bin in einer Zeltwohnung umhergezogen" (2 Sam 7,5f).

Später im Exil wird sich diese Erfahrung noch vertiefen. Als das Volk das eigene Land und damit den Tempel und die gewohnte Opferstätte verliert, wird Gott selbst neu ortlos und heimatlos. Aber auch in der Diaspora, im heidnischen Umfeld, ist er gegenwärtig und seinem Volk nah, erweckt Propheten in der Fremde. Er bleibt Beziehungsgott, wird aber nun von einem Stammes- und Volksgott zu einem universalen Gott. Aus dem Gott, der mitten in seinem Volk wohnt, wird ein Gott aller Völker. „Kein Ort. Nirgends“, so der Titel eines Romans von Christa Wolf. Es könnte auch eine Ortsbeschreibung Gottes sein. Gott hat keinen Ort, der ihn begrenzen könnte, ist nirgends vorhanden. Gerade so aber ist er der Gott, der überall seinen Ort hat. „Überall ist er und nirgends“, singt ein Lied von Diethard Zils. Aus dieser Überzeugung erwächst die Idee der Heilsgeschichte: Gott wird erfahren in der Zeit und in der Geschichte, er ist nicht begrenzt auf einen bestimmten Ort.

Der ortsunabhängige Gott, der mit dem heimatlosen Menschen durch die Geschichte pilgert und darum überall anzutreffen ist, ist dann auch der kosmische Gott, der alle nur denkbaren Räume erfüllt. Gott hat keinen Ort, von dem er umgrenzt wäre, sondern ist selbst der grenzenlose Ort, der alles umfängt. „Von hinten und von vorn hast du mich umschlossen“, wissen die Beterinnen und Beter im ersten Bund (Ps 139,5), oder, wie es in der bisherigen Übersetzung hieß: „Du umschließt mich von allen Seiten.“ Es gibt keinen Ort, der außerhalb der Machtsphäre Gottes läge. Auch wenn der Mensch in die Unterwelt einbrechen oder zum Himmel aufsteigen würde, wenn er sich auf dem höchsten Gipfel verstecken oder auf dem tiefsten Grund des Meeres verbergen möchte, er bleibt im Raum Gottes (vgl. Am 9,1–4). „In ihm leben wir, bewegen wir uns und sind wir“, zitiert Paulus in Athen den griechischen Dichter Aratos (Apg 17,28). Der Epheserbrief wird daraus die Vorstellung des kosmischen Christus entwickeln. Welch ein Paradox: „Die Füchse haben Höhlen und die

Vögel des Himmels Nester; der Menschensohn aber hat keinen Ort, wo er sein Haupt hinlegen kann" (Mt 8,20). Aber genau der, der auf Erden keinen Ort hat, umfängt das All. In ihm als Haupt wollte Gott alles, was im Himmel und auf Erden ist, zusammenfassen (vgl. Eph 1,10). Er „erfüllt das All in allem" (vgl. Eph 1,23).

Hält dieser universale Christus den heutigen Erkenntnissen der Kosmologie stand? Unser Universum ist ja nur eines von vielen. „Das ewige Schweigen dieser unendlichen Räume macht mich schaudern", schrieb schon Blaise Pascal (gest. 1662). Reinhold Schneider (gest. 1958) hat die Rede von der Menschwerdung Gottes auf dieser verschwindend kleinen Erde in einem expandierenden Universum als existentielle Herausforderung seines Glaubens erlitten:

> „Aber wir verrücken das Wort nicht, dass in Christus alles geschaffen ist; dass er das Haupt ist des Weltalls und dass in ihm alles erneuert wird: die Materie selbst. In den Abgründen des Weltalls müssten wir, statt unseres eigenen verwirrten Gesichts, das Antlitz Jesu Christi erkennen ... Uns bleibt nur das Gebet. Wir müssen uns in den Räumen verlieren und Christus anrufen, den Herrn der übergeschichtlichen, außergeschichtlichen Dimensionen – die Wirklichkeit über den unendlich vielen Geometrien, die wir heute für möglich halten. Es kann wohl sein, dass wir ohne Antwort bleiben ... Gelingt es uns als Christen nicht, uns in den unendlichen Räumen zu beheimaten – so verfehlen wir die Ära ... Und das ist nur eine Frage des Betens oder Betenwollens, des Ausharrens in den tausend Augen der Finsternis ... Die Hoffnung bleibt, dass die Menschheit einmal Christus

wandeln sehen wird durch die Räume, wie ihn Petrus wandeln sah auf dem Meere. Ist es ein ‚Gespenst‘, ein Widerschein der Erde? Ist es der Herr? Fast so groß wie diese Hoffnung ist die Gefahr, dass wir aufschreiend versinken in den unendlichen Räumen.“[3]

Die aus der Religionsgeschichte bekannte Trennung von sakralen und profanen Räumen hat auch das Christentum beeinflusst und geprägt. Die Erfahrung des Transzendenten, des Ganz-Anderen und Heiligen am besonderen, anderen, heiligen Ort hat auch im christlichen Glauben einen Platz. Eigentlich aber sprengt das Christusereignis endgültig diese Trennung in Heilig und Nicht-heilig: Gott wird Mensch in dieser Welt, so wie sie ist, er liegt in der Krippe, verkehrt in schlechter Gesellschaft und wird gemeinsam mit Kriminellen hingerichtet. Gott „hat den, der keine Sünde kannte, für uns zur Sünde gemacht“ (2 Kor 5,21). Der Heilige findet sich im Kreis der Sünder, der Transzendente in der Immanenz, Gott in der Welt, der Himmel auf der Erde. Beim Todesschrei Jesu zerreißt der Vorhang des Tempels (vgl. Mk 15,38), das Allerheiligste und die Welt sind nicht mehr getrennt. Die Bewohner von Kafarnaum wollen Jesus „festhalten, damit er nicht von ihnen wegginge“ (Lk 4,42). „Alle suchen dich“, erklären Petrus und seine Begleiter leicht vorwurfsvoll, als sie Jesus endlich finden, der sich an einen einsamen Ort zum Gebet zurückgezogen hatte. Jesus aber lässt sich nicht festsetzen. „Lasst uns anderswohin gehen, in die benachbarten Dörfer“ (Mk 1,37f). Jesus bleibt unterwegs, immer im Aufbruch anderswohin und darum überall.

Als Ende der 1990er Jahre verschiedene Bundesbehörden aus Bonn und damit aus dem katholischen Rheinland nach Berlin wechselten, verglich Kardinal Meisner diesen Umzug mit dem Zug des Volkes Israel durch die Wüste und nannte Berlin eine „gottlose Stadt“. Seit der Menschwerdung Gottes aber gibt es keine gottlosen Orte mehr. Seitdem Gott in Jesus „herabgestiegen“ ist und sich „entäußert“, erniedrigt und Sklavengestalt angenommen hat (vgl. Phil 2,6–8), gibt es keinen Ort mehr, der nicht zum Ort Gottes werden könnte. Die Kenosistheologie zerbricht die Separationslogik zwischen heiligen und profanen, gottvollen und gottlosen Räumen. Gott kann überall sein, die Welt ist voll von Gott, ohne dass sie pantheistisch mit ihm zusammenfallen würde. Es ist bemerkenswert, in diesem Zusammenhang aber auch verständlich, dass die frühe Kirche sich beim Bau ihrer Gotteshäuser nicht am heidnischen Tempel orientierte, einem explizit religiösen Gebäude, sondern an der säkularen „Basilika“, einer großen öffentlichen Halle, in der man Handel trieb oder auch Gerichtsversammlungen abhielt. Im Mittelalter wurden die großen Bettelordenskirchen auch problemlos als städtische Versammlungsorte genutzt. Der Gott eigene Ort ist der Raum der Menschen.

Die Überzeugung, dass Gott an keinen festen Ort gebunden ist, sondern überall gegenwärtig sein kann, verbietet den Rückzug ins fromme Ghetto. Wenn heute in Deutschland landauf, landab christliche Gotteshäuser geschlossen und profaniert werden, ist dies ein Indiz dafür, dass die Kirchen rapide Mitglieder und gesellschaftliche Relevanz verlieren. Zeigen aber leere Kirchen, dass die Welt gottleerer wird? Verliert Gott an Terrain? Verschwindet Gott, wenn Gotteshäuser verschwinden? Im Gegenzug zur Profanierung sakraler Räume dürfen Christinnen und Christen neue profane Räume als heilige Orte, als Raum

Gottes entdecken. Wo Menschen sich füreinander und für die Schöpfung engagieren, ist heiliger Boden. Das Seniorenheim und das Krankenhaus, die Wärmestube und die Beratungsstelle, die Wohnung der kranken Nachbarin und das Zimmer der pflegebedürftigen Eltern sind Raum Gottes. Sie erzählen unter Umständen mehr von Gott als eine teuer renovierte Kirche, die aus Sicherheitsgründen geschlossen bleiben muss oder nur durch ein Gitter zu besichtigen ist und die nicht mehr „gebraucht“ wird.

Kleine Exerzitien im Alltag

- Ich schreibe eine Litanei der Orte Gottes.
- Wo steht meine persönliche Himmelsleiter? Wo habe ich schon einmal diese Erfahrung gemacht: „Wirklich, der Herr ist an diesem Ort, und ich wusste es nicht!“?

5. Wie Pilger und Fremdlinge – Sich in der Ortlosigkeit verorten

Der Satz steht so ziemlich in der Mitte der Regel, die Franziskus für seine Gefährten schreibt: „Die Brüder sollen sich nichts aneignen, weder Haus noch Ort noch sonst eine Sache." Leben ohne Ort! Ortlose, „u-topische" Existenz! Die Konsequenz daraus wird gleich anschließend beschrieben: „Und gleichwie Pilger und Fremdlinge in dieser Welt … mögen sie voll Vertrauen um Almosen bitten gehen" (BR 6,1f, FQ 98). Franziskus greift hier eine Formulierung aus dem 1. Petrusbrief auf, der seine Adressatinnen und Adressaten als „Fremde und Gäste in dieser Welt" anspricht (vgl. 1 Petr 2,11). Peregrini und advenae lauten die in beiden Texten gebrauchten lateinischen Begriffe. „Per-egrinus" ist jemand, der sich außerhalb des eigenen Ackers (ager) befindet, der also nicht dazugehört, der „Aus-Länder" und Fremde, aus dem dann sprachlich der Pilgrim und Pilger wird. Advena bezeichnet einen Advents-Menschen, der von sonst wo hinzukommt (advenire), den Ankömmling also, fremd auch er, nicht von hier, je nachdem Immigrant, Besucherin oder Gast, Neuling und Zugereiste, in jedem Fall eine unsichere, transitorische Existenz. Der Pilger und der Fremdling sind da, gehören aber nicht wirklich dazu. Sie sind nicht fest mit einem Ort verwachsen, spirituelle Luftwurzler, nicht hier beheimatet, ihre Heimat ist irgendwo anders. Bonaventura lässt Franziskus einmal sagen, die „Lebensweise der Pilger verlange, dass man sich unter fremdem Dach beherbergen lasse“ (LM VII,2, FQ 728). Heimatlosigkeit als Lebensform. Lebenslanger Gaststatus in der Fremde und unter fremden Dächern. Die Brüder, die sich keinen Ort aneignen sollen, verorten sich am Unort, in der Ortlosigkeit, nämlich in der Fremde, auf dem Weg und in der U-topie. Diese drei Nicht-Orte verdienen eine nähere Betrachtung.

Die Fremde

„Die Christen wohnen zwar in ihrer Heimat, aber wie Zugereiste aus einem fremden Land. An allem haben sie teil wie Bürger, ertragen aber alles wie Fremde. Jede Fremde ist ihnen Heimat und jede Heimat Fremde“, heißt es im sog. Brief an Diognet, einer frühchristlichen Schrift wohl aus dem 3. Jahrhundert. Die Fremde als Ort der Christen, eine merkwürdige Platzanweisung! Fremd sein um Christi willen, die „peregrinatio pro Christo“, ist eine entscheidende Motivation für die iroschottischen Mönche, die seit der Wende vom 6. zum 7. Jahrhundert ihre Heimat verlassen, um im Aus-Land, auf dem europäischen Festland, den Glauben zu leben. Dabei sind sie nicht von Anfang an „Glaubensboten“, die Idee der Mission entwickelt sich erst später. Das freiwillige Fremdsein entstammt vielmehr dem ausgeprägten Bußgeist, der ihre Frömmigkeit prägt. Was rechtlich als Strafe für schwere Verbrechen vorgesehen war, die Verbannung in die Fremde, übernahmen sie freiwillig als Ausdruck ihrer Bußgesinnung. Columban von Luxeuil (gest. 615), Gallus und Landelin (gest. beide 640), die Frankenapostel Kilian, Kolonat und Totnan (gest. nach 689) und ungezählte andere Namenlose, Männer zumeist, kamen um Christi willen als Fremde auf den Kontinent. „Jede Fremde ist ihnen Heimat", davon zeugen einige Jahrhunderte später die „Schottenklöster" in Wien, Würzburg, Regensburg, Eichstätt, Erfurt oder Nürnberg. „Und jede Heimat ist ihnen Fremde". Die paradoxe und schmerzliche Erfahrung, in der eigenen Heimat fremd zu sein, hat sich in der christlichen Frömmigkeit in bewegenden Legenden verdichtet. Alexius von Edessa, der wohl an der Wende vom 4. zum 5. Jahrhundert lebte, kehrt nach einem Leben als Pilger und Fremdling bettelnd in seine Heimat zurück, wird aber von seinem Vater und der eigenen Familie nicht erkannt. Jahrelang vegetiert er, verschmäht und verachtet, unter der Treppe seines Elternhauses, wo eine Magd, so malen es die Bilder der Legende, den Kübel mit dreckigem Spülwasser über ihm ausleert. Tag für Tag gehen sein Vater und seine engsten Verwandten an ihm vorbei, steigen buchstäblich über ihn hinweg, ohne ihn zu erkennen und zu beachten. Nur wenige Meter trennen ihn vom wohnlich-behaglichen Inneren des Hauses, in dem er Heimatrecht hat und Geborgenheit gefunden hätte, aber diese Heimat blieb ihm als Fremdem verschlossen. Als Prototyp eines Pilgers und Fremdlings zeichnet die Legende auch den hl. Rochus von Montpellier, der als Mitglied des 3. Ordens zur franziskanischen Familie gehört. Früh verliert er seine Eltern, verlässt seine Heimat und pilgert nach Rom. Er pflegt Pestkranke, bis er selbst erkrankt. Anderen hat er geholfen, ihm hilft keiner. Nur ein Hund bleibt ihm treu und versorgt ihn mit Brot. Endlich wieder in der Heimat, erkennt ihn niemand wieder. Die Krankheit hat ihn gebrochen, Narben entstellen sein Gesicht. Er wird als Spion verdächtigt und ins Gefängnis geworfen. 1327, nach jahrelanger Haft, stirbt der namenlose und vergessene Fremde im Kerker. Erst dann, nach seinem Tod, wird er wiedererkannt …

Ein verrücktes Bild – daheim als Fremde oder Fremder leben. In der Fremde leben auch die „Narren in Christus“, die es in der Geschichte des Christentums immer wieder gegeben hat. „Wir stehen als Toren da um Christi willen“, schreibt Paulus an die Gemeinde in Korinth (1 Kor 4,10). Der Narr in Christus ist der radikal Andere und Fremde, der konsequente Aussteiger, der sich aus der Beziehung zu Christus heraus gesellschaftlichen Erwartungen verweigert und bewusst gegen Konventionen verstößt. Indem er sich freiwillig lächerlich macht, verliert er bewusst seine bisherige Position und verhindert, jemals wieder einen anerkannten Platz in der Gesellschaft zu bekommen. Er fällt aus allen Ordnungen heraus, wird ortlos und fremd im eigenen Land.

Ein Ort ist immer auch Ausdruck von Macht. Menschen werden diskriminiert und im eigentlichen Sinn des Wortes „aus-gegrenzt“, wo man ihnen den Zutritt zu bestimmten öffentlichen Räumen und Orten verwehrt bzw. sie in Sonderräumen wie Ghettos und Townships einschließt. Off limits! Staaten reißen Land an sich, erobern fremde Räume. Die Erweiterung des Territoriums bedeutet Vergrößerung der Macht. Geografische Räume werden gesichert durch Grenzen, Mauern und Zäune. Wir sprechen von Machträumen und Einflussräumen. Das Ende des Kirchenstaats 1870 erschien vielen zunächst als Katastrophe der katholischen Kirche, da der Verlust des weltlichen Territoriums auch als Einbuße an geistlicher Macht empfunden wurde. Was für ein Unterschied zwischen einem Villenbesitzer, der Wohnungsmieterin und einem Obdachlosen, auch wenn sie alle nachts einen Platz zum Schlafen haben: Der

Besitz eines Ortes schafft Sicherheit und Freiheit, verleiht Selbstbewusstsein, Prestige, Identität und Macht. Hier wird nochmals deutlich, was es für die ersten Minderbrüder bedeutete, sich keinen Ort anzueignen. Nicht Herr im eigenen Haus zu sein, sondern als Fremdling, Pilger und Gast zu leben, war Ausdruck ihrer minoritas, ihres Kleinseins. Der Verzicht auf einen festen Ort ist zugleich Verzicht auf eine gesellschaftliche Stellung, Entscheidung für eine Verortung am Nicht-Ort, ganz unten und am Rand.

Der Weg

Wer an keinem festen Ort zuhause ist, ist unterwegs. Auch der Pilger ist eine gängige Figur in der christlichen Hagiographie. Benedikt Josef Labre, Mitglied der Gürtelbruderschaft des hl. Franziskus, der Nicht-Sesshafte, der heilige Landstreicher, Patron der Heimatlosen und Obdachlosen, zog zu Fuß kreuz und quer durch Europa, von einem großen Heiligtum zum anderen. Er war auf dem Monte Sant'Angelo auf dem Gargano und in Loreto, in Santiago de Compostela, Einsiedeln und Altötting. Alles zu Fuß. Die letzten Jahre lebte er in Rom, verlumpt und verlaust in der Suburra, schon seit der Antike verruchte No-go-area, und in den Ruinen des Kolosseums. Ein Mystiker der Straße. Mit ihm wandern ungezählte andere durch die Geschichte. Im oberschwäbischen Berkheim an der Iller verstarb 1230 ein fremder Pilger, der seitdem als hl. Willebold verehrt wird. Die „aufrichtigen Erzählungen eines russischen Pilgers" stehen auch für die vielen namenlosen und verborgenen heimatlosen Frommen und geistlichen Nomaden der christlichen Spiritualität.

Pilgernde sind Wege-Menschen. Der Weg ist der zweite große Nicht-Ort für die, die sich keinen Ort aneignen. Jesus ruft seine Jünger weg von ihren Häusern und Familien in die Nach-Folge, auf den Weg, hinter sich her. Nachfolge, Unterwegssein ist am Anfang das Synonym für Christsein! Auf dem Tabor will Petrus auch für Jesus eine Hütte bauen – ihn verorten, festsetzen, ansiedeln, heimisch machen. Jesus aber bleibt nicht an einem Ort. Sie müssen wieder hinuntersteigen vom Berg. Bei Jesus bleiben heißt mit ihm unterwegs bleiben. Nicht die Hütte, die wir bauen, sondern der Weg, auf dem er vorangeht, ist sein Ort.

Das dritte Kapitel der endgültigen Regel der Minderbrüder beschäftigt sich ausdrücklich damit, „wie die Brüder durch die Welt ziehen sollen" (vgl. BR 3, FQ 96f). Ire per mundum, gehen, Schritt für Schritt, sich nicht festsetzen, sich nicht verwurzeln, nicht bleiben, heute woanders sein als gestern. Und das heißt: Alles ist vorübergehend, vorläufig, provisorisch. Auch Jesus selbst, daran erinnert Franziskus im Weihnachtspsalm seines Passionsoffiziums, ist nicht daheim, in einem festen Haus, sondern „am Weg geboren" (vgl. Off XV,7, FQ 30). Diese „Dynamik des Vorläufigen" haben in unserer Zeit Frère Roger Schutz und die Brüder von Taizé wieder neu entdeckt. Zum Weg und zur Vorläufigkeit als geistlichem Ort gehört die Gastfreundschaft als geistliche Erfahrung. Großzügig Gastfreundschaft gewähren und dankbar Gastfreundschaft in Anspruch nehmen, beides kann zum Ort der Gotteserfahrung werden. Jesus selbst hatte keine feste Adresse und war deshalb oft zu Gast. In das Haus des Zöllners Zachäus lädt er sich selbst ein. Durch die Gastfreundschaft, daran erinnert der Hebräerbrief, „haben einige, ohne es zu ahnen, Engel beherbergt" (Hebr 13,2).

Das archetypische Bild vom Weg korrespondiert mit tiefen Lebenserfahrungen. Leben ist ein ununterbrochenes Vorwärts. Wir wollen weiterkommen. Pläne und Sehnsüchte treiben in die Zukunft. Wer unterwegs ist, ist ständig herausgefordert zu Abschied und Neubeginn. Das ist auch schmerzlich: Nichts bleibt. Hermann Hesse hat diese Erfahrung in seinem oft zitierten Gedicht „Stufen" klassisch ins Wort gefasst: „Wir sollen heiter Raum um Raum durchschreiten, an keinem wie an einer Heimat hängen." Biblische Urgestalt für die Bereitschaft, immer neu loszulassen und ins Ungewisse aufzubrechen, ist Abraham: „Geh fort aus deinem Land, aus deiner Verwandtschaft und aus deinem Vaterhaus in das Land, das ich dir zeigen werde" (Gen 12,1). Aufbruch ist Befreiung und macht zugleich Angst, das zeigt der Exodus des Volkes Israel: Der gefeierte Weg aus dem Sklavenhaus führt zu neuer existentieller Bedrohung und zur Auflehnung gegen die ungewohnte und anstrengende Freiheit. „Rausgehen" kann dann Ausdruck einer Bekehrung werden. „Exivi de saeculo", schreibt Franziskus rückblickend in seinem Testament. Nach der schockierend-befreienden Begegnung mit den Aussätzigen hält er noch eine Weile inne, dann „verlässt er die Welt" (vgl. Test 3, FQ 59). Rausgehen aus dem Bisherigen, das gehört zu jeder Heiligenbiografie. Wohl immer schon, heute aber durch die Möglichkeiten moderner Kommunikationstechnik wesentlich leichter als früher, richten wir uns gerne ein in Blasen, im selbstreferentiellen Echoraum, notfalls auch im Ghetto, bleiben unter uns im angenehmen Raum der Gleichgesinnten, halten durch Mauern und Zäune die Fremden fern oder prügeln sie in Pushbacks zurück. Der Hebräerbrief erinnert daran, dass Jesus außerhalb der Stadt gekreuzigt wurde, so wie auch die Opfertiere, mit deren Blut der Hohepriester am Versöhnungstag im Tempel das Ritual zur Vergebung der Sünden vollzog, außerhalb des Lagers verbrannt wurden (vgl. Lev. 16,27): „Lasst uns also zu ihm vor das Lager hinausziehen ... Denn wir haben hier keine bleibende Stadt, sondern wir suchen die zukünftige“ (Hebr 13,13f).

Der Weg steht für den immer neuen Aufbruch. Er kann aber auch stehen für die Erfahrung der Flucht. Es ist paradox: Sichere Orte brauchen ausgeschilderte Fluchtwege. Aber auch die Flucht selbst, Vertreibung und Verbannung können ein Nicht-Ort spirituellen Lebens sein. Die Hagiographie kennt neben den Pilgerinnen und Pilgern auch die Flüchtenden, Vertriebenen und Verbannten, die nicht aus eigenem freien Antrieb, sondern gezwungenermaßen auf der Straße und in der Fremde leben. Dazu gehören etwa Theologen und Bischöfe der alten Kirche in den dogmatischen Auseinandersetzungen um den „richtigen Glauben“. Paulinus von Trier (gest. 358), Athanasius (gest. 373) oder Cyrill von Jerusalem (gest. 386) mussten im Kampf gegen arianische Gegner fliehen und verbrachten viele Jahre ihres Lebens im Exil. Ida Friederike Görres hat 1937 das Leben der heiligen Radegundis (gest. 587), thüringische Königstochter und Ehefrau des Merowingerkönigs Chlotar I., als „siebenfache Flucht“ beschrieben. Beim Völkermord an den Armeniern während des Ersten Weltkriegs werden hunderttausende Frauen, Männer und Kinder aus ihrer Heimat deportiert und verhungern bei den Todesmärschen in der Wüste. Ungezählte Christinnen und Christen wurden in den Diktaturen des 20. Jahrhunderts unter Kommunisten und Nationalsozialisten ihres Glaubens wegen in die Flucht getrieben oder in Konzentrations- und Arbeitslagern gefoltert und umgebracht. Wie viele gläubige Menschen leben in den aktuellen Migrationsbewegungen ihre Beziehung zu Christus in den Fängen von Schlepperbanden, auf hoffnungslos überfüllten Schiffen auf dem Mittelmeer und in Flüchtlingslagern …

Die Utopie

Der aus dem Griechischen kommende Begriff Utopie, Ou-Topos, bezeichnet im wörtlichen Sinn den Nicht-Ort, an dem sich, paradox formuliert, das verortet, das nicht ist, noch nicht ist oder vielleicht nie sein wird, was aber anzieht und zu dem wir unterwegs sind. Utopie steht für Sehnsucht und Hoffnung, oszilliert zwischen Verheißung und naivem Traum, kann das Ziel bezeichnen, das zu erreichen wir uns mit allen Kräften bemühen, oder sich auch als imaginäres Luftschloss entpuppen. Das Leben in der Fremde, das Unterwegssein und die Beheimatung in der großen Sehnsucht hängen eng zusammen. Abraham, so der Hebräerbrief, „zog weg, ohne zu wissen, wohin er kommen würde. Aufgrund des Glaubens siedelte er im verheißenen Land wie in der Fremde und wohnte mit Isaak und Jakob, den Miterben derselben Verheißung, in Zelten; denn er erwartete die Stadt mit den festen Grundmauern, die Gott selbst geplant und gebaut hat“ (Hebr 11,8–10).

„Wenn die Orte ausgehen, bleibt die Sehnsucht nach Heimat.“ So überschreibt Andrea Schwarz die Geschichte ihrer Eltern, die auf der Flucht vor der Roten Armee ihre Heimat in Ostpreußen und Schlesien verlieren. Wege sind machbar, Fremdsein wird erträglich, wenn ich in einer Sehnsucht beheimatet bin. Ich kann tatsächlich Wurzeln schlagen und Kraft schöpfen aus dem, was (noch nicht) ist, kann in der Sehnsucht zuhause sein. In den frühchristlichen Kirchen Roms, so schreibt Romano Guardini einmal, erlebt er Heimat und Sehnsucht zugleich. Ich kann geborgen sein in dem, was erst noch kommt, was ich voll Glauben und Hoffnung erwarte. Paradoxerweise kristallisiert sich diese Sehnsucht aber nicht nur in Raumentwürfen der Zukunft, etwa dem himmlischen Jerusalem, dem „neuen Himmel und der neuen Erde" (vgl. Offb 21,1) oder auch dem fiktiven Staat Utopia in dem gleichnamigen Dialog-Roman von Thomas Morus (gest. 1535). Sie macht sich auch fest an den entschwundenen Räumen eines längst vergangenen goldenen Zeitalters wie dem verlorenen Paradies, der versunkenen Stadt Atlantis, von der zuerst Platon berichtet hatte, oder auch der durch Flucht und Vertreibung verlorenen Heimat, dem im Krieg zerstörten Elternhaus. Das endgültig Verlorene, Entschwundene, Verschollene wird zum Ort der Sehnsucht.

Ohne Ort kein Glück? Gläubige Menschen haben gerade auch in der Ortlosigkeit, an Nicht-Orten, nämlich in der Fremde, auf dem Weg und in der Sehnsucht, in besonderer Weise ihre Beziehung zu Christus gelebt. Dies nicht zuletzt auch deshalb, weil Jesus selbst an diesen Nicht-Orten gegenwärtig ist. „Ich war fremd und ihr habt mich nicht aufgenommen", sagt der Menschensohn von sich selbst im Gleichnis vom letzten Gericht (Mt 25,43). Auch den Jüngern auf dem Weg nach Emmaus begegnet er in der Gestalt eines Fremden. In der „Fremde" gelebt hat er seit seiner Menschwerdung, hat nicht an seinem Gottsein festgehalten, hat sich „ent-äußert" und „entfremdet", hat Knechtsgestalt angenommen und wurde mit Kriminellen umgebracht. Die Kunstgeschichte kennt das Andachtsbild von „Christus im Elend", den gefolterten Schmerzensmann mit den Wunden der Geißelung und der Dornenkrone. Der mittelhochdeutsche Begriff ellende bezeichnete ursprünglich das Ausland, die Fremde, auch die Verbannung. Der Mensch im ellende ist elend, erleidet innere und äußere Not. Zu diesem Jesus in der Fremde gesellen sich auch die „elenden Heiligen", die in Griesstetten bei Dietfurt im Altmühltal oder in Etting bei Ingolstadt verehrt werden, fremde Mönche, Ausländer. Zur Fremde kommt der Weg. Gott hat sich in seiner Menschwerdung nicht nur in die Fremde begeben, sondern auch auf den Weg gemacht. Jesus ist weder in einem Haus geboren noch in einem Haus gestorben. Er musste flüchten, war unterwegs, hat Menschen auf seinen Wegen mitgenommen und sich selbst als „den Weg" bezeichnet (vgl. Joh 14,6). Und schließlich ist er so etwas wie eine utopische Zukunftsfigur, in ihm ist schon da, was erst noch kommen wird. Menschen, die ihm begegnen, erfahren bereits jetzt, was sie für das Ende der Zeit erhoffen: Heil, Befreiung, Vergebung von Schuld, die beglückende Gegenwart Gottes. Jesus verkündet nicht nur das Reich Gottes, er macht es erfahrbar. Er selbst ist die Autobasileia, wie Origenes sagt, das Reich Gottes in Person. Er ist die Erfüllung der Verheißungen Gottes und der Sehnsüchte der Menschen, in ihm ist kommende Zukunft schon gegenwärtig. Die Beziehung zu Jesus schenkt Leben im Elend und in der Fremde, auf dem Weg und in der sehnsüchtigen Erwartung dessen, was erst noch kommt. „Bleibt in mir", lädt Jesus am Abend vor seinem Tod seine Jünger ein (Joh 15,4). Wer in Jesus bleibt, wer im Raum der Beziehung zu Jesus seinen Ort gefunden hat, der kann überall zu Hause sein.

- Ich nehme mir einen Tag frei für einen persönlichen Pilgerweg. Ich spüre nach, was das heißt: aufbrechen, Schritt für Schritt weiterkommen, Gast sein an fremden Orten, unterwegs sein zu einem Ziel …
- Wo fühle ich mich eingeladen, meine bisherige „Blase“ zu verlassen und in die „Fremde“ zu gehen? Ich nehme die Herausforderung an und höre wirklich zu, wenn Menschen von Erfahrungen erzählen, die für mich völlig ungewohnt und unbekannt sind; ich gehe auf einen Menschen zu, der mir bisher sehr fremd ist; ich interessiere mich für das, was Menschen interessiert, mit denen ich zusammenlebe

6. Das zwischen uns – Beziehungsräume

„Meister, wo wohnst du?" (Joh 1,38). Die beiden Jünger, die Jesus das fragen, suchen einen Ort. Aber sie finden eine Beziehung. Sie gehen mit Jesus und bleiben an jenem Tag „bei ihm". Entscheidend ist nicht, wo das war. Entscheidend ist die Begegnung mit ihm als Person. Andreas, einer der beiden, kann daraufhin zu seinem Bruder Petrus sagen: „Wir haben den Messias gefunden" (Joh 1,41). Die Suche nach einem Ort führt in die Beziehung zu einem Menschen. Sie finden seine „Wohnung" im Bei-ihm-Sein. Von da an werden sie, wie die anderen Jünger auch, nicht mehr an einem Ort, sondern in einer Beziehung zuhause sein. Jesus selbst erklärt, was Nachfolge meint: „Wo ich bin, wird auch mein Diener sein" (Joh 12,26).

Der sog. Spatial turn in den Kultur- und Sozialwissenschaften seit den 1980er Jahren hat den Raum als soziale Größe wiederentdeckt. Raum ist nicht einfach da, wie ein Container, ein Behälter, der erst einmal leer ist und vielleicht nachträglich gefüllt werden kann. Räume werden durch Beziehungen konstituiert. Sie entstehen durch das, was sich zwischen uns abspielt, sind wesentlich Zwischen-Räume, Beziehungsräume. „Es war einmal ein Lattenzaun, mit Zwischenraum, hindurchzuschaun", dichtet Christian Morgenstern (gest. 1914). „Ein Architekt, der dieses sah, stand eines Abends plötzlich da – und nahm den Zwischenraum heraus und baute draus ein großes Haus." Ein ebenso fremdes wie schönes Bild: ein Haus aus Zwischenräumen, ein Beziehungshaus. „Inter-esse“ meint wörtlich genau dies: dazwischensein. Interesse aneinander webt ein Beziehungsnetz. Raum ist nicht vorhanden, sondern vollzieht sich als lebendiger Prozess. Nach einem oft zitierten Wort von Blaise Pascal rühre das gesamte Unglück des Menschen daher, dass er es nicht schaffe, ruhig in seinem Zimmer zu bleiben. Ich kann diesem Satz wenig abgewinnen. Mir scheint eher das Gegenteil wahr: Nicht ruhig in seinem Zimmer bleiben zu können, das ist die Quelle tiefen Glücks und tiefer Erfüllung. Nicht der geschlossene dreidimensionale Raum, sondern der offene Raum von Beziehungen lässt leben.

Dieser Gedanke ist in der christlichen Spiritualität sehr vertraut. „Kirche“ meint erst in einem zweiten, abgeleiteten Sinn einen Versammlungsraum aus Stein. Kirche ist die Gemeinde selbst, ein Beziehungsraum von Christinnen und Christen, die untereinander und mit Christus so lebendig verbunden sind, dass sie seinen Leib bilden (vgl. 1 Kor 12,12–27). „Lasst euch als lebendige Steine zu einem geistigen Haus aufbauen“, lädt der Autor des ersten Petrusbriefes ein (1 Petr 2,5). Natürlich bleiben Gebäude wichtig für eine Gemeinde. Auch Franz von Assisi hat zunächst ein steinernes Kirchlein wiederaufgebaut. Wo Gebäude verwahrlosen, verwahrlosen Menschen. Gebäude sammeln Menschen. Aber dann hat er begriffen, dass Erneuerung der Kirche mehr braucht. In Deutschland haben wir genügend Kirchengebäude. Aber sie werden immer leerer. Sosehr sakrale Architektur etwas vom Geheimnis Gottes vermitteln kann, „der Höchste wohnt nicht in dem, was von Menschenhand gemacht ist“ (Apg 7,48; ähnlich Apg 17,24), er ist gegenwärtig in den Beziehungen der Getauften, die seinen lebendigen Leib bilden.

„Was, du willst mir ein Haus bauen, damit ich darin wohne?!“ So reagiert Gott, anscheinend halb belustigt und halb verärgert, auf den Vorschlag des Königs David, ihm in Jerusalem einen Tempel zu errichten. Nein, Gott selbst baut ein Haus, indem er dem König einen Sohn schenkt (vgl. 2 Sam 7,1–16). Hier wird der geistliche Beziehungsraum nochmals verdichtet: Gott wohnt im Menschen! An Weihnachten kommt das zu einem unüberbietbaren Höhepunkt: In Jesus von Nazareth hat Gott selbst unter uns gewohnt, mitten unter uns sein Zelt aufgeschlagen (vgl. Joh 1,14). Jesus ist der Ort Gottes. Das Johannesevangelium spricht vom „Tempel des Leibes Christi“ (vgl. Joh 2,21). Der neue Tempel ist Jesus selbst. Darum wird es im neuen Jerusalem auch kein Tempelgebäude mehr geben, „denn der Herr, ihr Gott … ist der Tempel, er und das Lamm“ (Offb 21,22).

Der Theologe Eckhard Nordhofen hat in verschiedenen Veröffentlichungen die Religionsgeschichte als Geschichte eines Medienwechsels beschrieben: In den „heidnischen“ Religionen vergegenwärtigt sich das Göttliche in konkreten Kultbildern. Gegen solche Idolatrie entfaltet der Monotheismus des Judentums eine „anarchische Kraft“, die zum Bilderverbot führt. Nun ist Gott präsent in einem neuen Medium, der Schrift. Hier knüpft dann das Christentum zwar an, vollzieht aber in der Inkarnation einen weiteren radikalen Medienwechsel: Jetzt ist der Mensch selbst Ort der Gegenwart Gottes!

Der Mensch ist Ort der Gegenwart Gottes. Dies gilt in besonderem Maß für die Gottesmutter Maria, die den Sohn Gottes in ihrem Leib trug. Franziskus ist von diesem Gedanken fasziniert: „Sei gegrüßt, du sein Palast. Sei gegrüßt, du sein Zelt. Sei gegrüßt, du seine Wohnung“, heißt es in seinem Gruß an die Gottesmutter (GrMar 4, FQ 33). Dabei hat die christliche Frömmigkeit im Blick auf Maria die Würde jedes Menschen erkannt. Auch Franziskus steht in dieser Tradition: „Mütter Christi sind wir, wenn wir ihn durch die Liebe und ein reines und lauteres Gewissen in unserem Herzen und Leibe tragen", schreibt er allen Gläubigen (2 Gl 53, FQ 132). Wer sich am Evangelium orientiert und ein Leben der Buße auf sich nimmt, auf dem wird der Geist des Herrn ruhen, „und er wird sich in ihnen eine Wohnung und Bleibe schaffen" (2 Gl 48, FQ 132). „Und immer wollen wir ihm Wohnung und Bleibe bereiten", lädt Franziskus die Brüder ein (NbR 22,27, FQ 88). „Christus lebt in mir", davon ist schon Paulus überzeugt (Gal 2,20). „Wisst ihr nicht, dass euer Leib ein Tempel des Heiligen Geistes ist, der in euch wohnt?", fragt er die Gemeinde von Korinth (1 Kor 6,19). „Durch den Glauben wohne Christus in euren Herzen", wünscht der Autor des Epheserbriefes seinen Leserinnen und Lesern (Eph 3,17). Mystiker aller Zeiten haben diesen Gedanken der „Einwohnung Gottes" erfahren und entfaltet. In aufmerksamer Innenschau erlebt Theresa von Avila die „innere Burg" ihrer Seele als ein Haus mit vielen Wohnungen. Das innerste Gemach, die siebte Wohnung, ist der Ort der Vereinigung mit Gott.

Beziehungsräume scheinen gerade für Franziskus eine wichtige Vorstellung zu sein. Dies wird etwa deutlich, wo er vom Himmel spricht. Jesus selbst gebraucht für die zu erwartende Lebensfülle nach dem Tod das Bild vom Haus des Vaters mit vielen Wohnungen. Dort wird er selbst uns eine Wohnung bereiten (vgl. Joh 14,2). Der „Himmel" aber ist kein Container-Ort, in dem die guten Menschen nach ihrem Tod aufbewahrt werden. Himmel ist Beziehung, das wird Franziskus bewusst, als er das Vaterunser meditiert: „Der du bist in den Himmeln: in den Engeln und in den Heiligen. Du erleuchtest sie zum Erkennen, weil du, Herr, das Licht bist. Du entflammst sie zur Liebe, weil du, Herr, die Liebe bist. Du wohnst in ihnen und erfüllst sie zur Seligkeit, weil du, Herr, das höchste Gut bist" (Vat 2, FQ 31). Der Mensch weilt in Gott und Gott wohnt in ihm. „Wie du, Vater, in mir bist und ich in dir bin, sollen auch sie in uns sein", betet Jesus am Abend vor seinem Tod, „ich in ihnen und du in mir" (Joh 17,21.23). Gott selbst ist ja in sich ein trinitarischer Beziehungsraum.

Der Minderbruder tritt nicht in ein Kloster ein, sondern nimmt eine Lebensform an und betritt damit einen Beziehungsraum. Es ist interessant, auf diesem Hintergrund die Regel zu lesen. Sie beschreibt in weiten Teilen Beziehungen und Kommunikationsprozesse und skizziert so den Raum, den Franziskus damit für seine Brüder öffnet. Noch haben die Brüder in dieser ersten Zeit keine festen Wohnorte und „ziehen durch die Welt" (vgl. BR 3,10, FQ 97), sollen sich aber, „wo immer sie sind und sich treffen, einander als Hausgenossen erzeigen" (vgl. BR 6,7, FQ 98). Sie sind Hausgenossen ohne Haus! Als „Pilger und Fremdlinge in dieser Welt" können sie sich nicht autonom hinter Klostermauern verschließen, sondern „mögen voll Vertrauen um Almosen bitten gehen" (vgl. BR 6,2, FQ 98), d. h., sie bleiben bewusst angewiesen auf die Hilfe von anderen und darum offen für immer neue Begegnungen. Das eigentliche Rückgrat der Gemeinschaft sind die persönlichen Beziehungen. Und tatsächlich werden die Brüder „zum Gehorsam angenommen" (BR 2,11, FQ 95). Wenn Franziskus vom „extra obedientiam evagari" spricht, vom „Sich-Herumtreiben außerhalb des Gehorsams", wird deutlich, wie sehr er den Gehorsam als kommunikativen Beziehungsraum versteht: „Und alle Brüder, sooft sie … sich außerhalb des Gehorsams herumtreiben …, sollen wissen, dass sie verflucht sind außerhalb des Gehorsams" (NbR 5,16, FQ 74; die gleiche Formulierung auch NbR 2,10, FQ 71). Eckpfosten dieses Beziehungsraumes sind regelmäßige persönliche Begegnungen: Der Verpflichtung der Leitungsverantwortlichen, die Brüder aufzusuchen (vgl. BR 10,1, FQ 100), entspricht umgekehrt die Pflicht der Brüder, zu ihren Ministern „Zuflucht zu nehmen" (vgl. BR 10,4, FQ 100). Regelmäßig stattfindende Kapitel sind verlässliche Orte der Begegnung und des Dialogs (vgl. BR 8,2–5, FQ 99). Franziskus scheut sich nicht, den Beziehungsraum der Bruderschaft sogar mit Begriffen aus dem Zusammenleben einer Familie zu charakterisieren: Die Brüder sollen sich „lieben und nähren", so wie „eine Mutter ihren leiblichen Sohn nährt und liebt" (vgl. BR 6,8, FQ 98), der Minister den ihm Anvertrauten mit „Herzlichkeit" (familiaritas) begegnen (vgl. BR 10,5, FQ 100).

Das Leben nach dem Evangelium schafft aber nicht nur den internen Beziehungsraum der Bruderschaft, sondern verortet die Brüder auch in einem vielgestaltigen Netz der Beziehungen nach außen. „Keiner der Brüder, an welchen Orten sie auch bei anderen zum Dienen oder Arbeiten sich aufhalten, soll Kämmerer oder Kellermeister sein, noch überhaupt eine leitende Stelle in den Häusern derer innehaben, denen sie dienen … Sie sollen vielmehr mindere und allen untergeben sein, die im gleichen Haus sind" (NbR 7,1f, FQ 75). Im Raum der Gesellschaft ist ihr Platz unten und am Rand, hier wird ihr Name Ausdruck ihrer Identität: „Alle sollen schlechthin ‚Mindere

Brüder' heißen" (NbR 6,3, FQ 75). Ihr Platz ganz unten verbietet, sich in einem Sonderraum einzukapseln. Zudem verhindert eine grundsätzliche Offenheit und grenzenlose Gastfreundschaft das Leben in der Blase: „Und mag zu ihnen kommen, wer da will, Freund oder Feind, Dieb oder Räuber, so soll er gütig aufgenommen werden" (NbR 7,14, FQ 76). Dabei darf die Solidarität mit denen, die unten sind, nicht dazu führen, sich überheblich abzugrenzen von den anderen oben in der Gesellschaft: „Ich warne und ermahne sie, jene Leute nicht zu verachten oder zu verurteilen, die sie weiche und farbenfrohe Kleider tragen und sich auserlesener Speisen und Getränke bedienen sehen" (BR 2,17, FQ 96). Im Sonnengesang weitet sich der franziskanische Beziehungsraum dann über die Bruderschaft und ihre Verortung in der Gesellschaft hinaus auf die gesamte Schöpfung aus, wird zum Raum universaler Geschwisterlichkeit.

Ein Raum ist nicht einfach vorhanden, sondern ereignet sich durch Beziehungen. Dies wird nochmals deutlich im Verhältnis von Ort und Zeit. Ein Ort erschließt sich mir in der Zeit: Ich besichtige ein Gebäude, umrunde es, nehme es aus verschiedener Perspektive wahr, steige vielleicht Stockwerk um Stockwerk hinauf. Ich erkunde eine Stadt, entdecke verborgene Winkel, mache in ihr Erfahrungen. Ich erlebe einen Konzertsaal, wenn ich dort Musik höre, oder ein Theater, wenn mich das Geschehen auf der Bühne berührt. Ich lebe viele Jahre in einem Haus, werde mit ihm alt, es wird Teil meiner Biografie. Ich lebe mit einem Kirchengebäude, feiere dort Gottesdienst mit der Gemeinde oder verweile still im Gebet, betrachte im Umhergehen die Statuen und Gemälde, entzünde eine Kerze, erlebe dort den frühen Morgen oder die Nacht. Orte laden ein, Zeit in ihnen zu verbringen, sie zu erkunden und dort etwas zu erleben. Je mehr Zeit ich für einen Ort aufbringe, umso tiefer erschließt er sich mir. Orte brauchen Zeit. Orte ermöglichen Erfahrungen in der Zeit. Orte sind erfüllt mit Zeit. Orte überdauern und verbinden Zeiten. Sie verbinden mich mit den Menschen, die zu ganz anderen Zeiten dort gelebt haben. Ein Ort kann heute noch erfüllt sein von der Gegenwart eines Menschen, der dort einmal anwesend war und längst verstorben ist. Ein Ort schafft Gleichzeitigkeit von damals und heute, lässt mich in die Vergangenheit eintauchen. Architektur kann bewusst Vergangenheit und das Raumgefühl früherer Generationen in die Gegenwart zurückholen – so geschehen im Historismus – oder auch wie etwa das Bauhaus versuchen, Zukunft vorauszunehmen. In anderer Weise verbindet der Beziehungsraum der Liturgie Gegenwart und Zukunft, Zeit und Ewigkeit, wenn die Betenden hier auf der Erde einstimmen in die himmlische Liturgie jenseits von Zeit und Raum und Gott preisen „mit allen Engeln und Heiligen" und „vereint mit ihnen" das Lob seiner Herrlichkeit singen, wie es in der Präfation des Zweiten Hochgebets der Messe heißt.

Astrophysiker sagen uns, dass die Zeit mit dem Urknall entstand. Es gab kein Vorher. Es gibt keine Zeit ohne Raum. Im Raum sein heißt immer, in der Zeit sein. Und umgekehrt. Wir leben im Zeit-Raum. Dennoch kann Papst Franziskus in seiner Enzyklika Evangelii gaudium sagen: „Die Zeit ist mehr wert als der Raum."[4] Zeit geht vor Raum, darüber hatte sich Heinrich Spaemann schon 1971 Gedanken gemacht.[5] Der reiche Mann aus dem Gleichnis Jesu plant, seine bisherigen Scheunen abzureißen und größere zu bauen, um die überreiche Ernte und damit seine Zukunft zu sichern. Die Vergrößerung des Raums soll viele Jahre sorglose Zeit garantieren. „Dann werde ich zu meiner Seele sagen: Seele, nun hast du einen großen Vorrat, der für viele Jahre reicht. Ruh dich aus, iss und trink und freue dich!" Gott nennt ihn einen Narren! „Noch in dieser Nacht wird man dein Leben von dir zurückfordern" (vgl. Lk 12,16–20). Den Raum kann man vergrößern, die Zeit aber nicht verlängern. Raum sichert keine Zeit. Reich ist nicht der, der viele Dinge anhäuft, sondern der, der seine Zeit gut und sinnvoll verbracht hat. Die Zeit ist mehr wert als der Raum. Dieses Prinzip, so der Papst, „erlaubt uns, langfristig zu arbeiten, ohne davon besessen zu sein, sofortige Ergebnisse zu erzielen. Es hilft uns, schwierige und widrige Situationen mit Geduld zu ertragen … Dem Raum Vorrang geben bedeutet sich vormachen, alles in der Gegenwart gelöst zu haben und alle Räume der Macht und der Selbstbestätigung in Besitz nehmen zu wollen. Damit werden die Prozesse eingefroren. Man beansprucht, sie aufzuhalten. Der Zeit Vorrang zu geben bedeutet sich damit zu befassen, Prozesse in Gang zu setzen anstatt Räume zu besitzen."[6]

Kleine Exerzitien im Alltag

- Ich nehme Kontakt mit einem Menschen auf, durch einen Anruf oder eine E-Mail, einen Brief oder einen Besuch, mit dem ich mich schon lange wieder einmal in Verbindung setzen wollte.
- Im Gebet trage ich die Menschen vor Gott,
  - denen ich viel verdanke,
  - für die ich Verantwortung trage,
  - die für mich eine Herausforderung sind.

7. Die Länge und Breite, Höhe und Tiefe ermessen – Erkundungen im geistlichen Raum

Als Mensch erfahre ich mich in meinem Körper immer schon in räumlichen Kategorien. Ich stehe mit den Füßen unten auf der Erde und strecke mich mit dem Kopf nach oben zum Himmel, setze mich nieder und stehe auf, schaue umher, gehe vor und zurück. Ich nehme wahr, was außerhalb von mir geschieht und was mich innerlich beschäftigt. Diese Selbstwahrnehmung im Raum scheint so elementar für den Menschen, dass er auch seine intellektuellen Bewegungen und emotionalen Erfahrungen räumlich ausdrücken kann: Er denkt in eine bestimmte Richtung oder auch um die Ecke, erlebt Fortschritte und Rückschritte. Jede systematische Reflexion will Ordnung schaffen, alles soll an seinen ihm eigenen Platz. Zentrale Überzeugungen markieren die Mitte, um die sich alles dreht und die anderes an den Rand verweist. Einzelerfahrungen werden in größere Zusammenhänge gestellt. Wer nachdenkt, räumt die Welt auf oder auch um. Der Mensch kann sich verschließen oder sich öffnen, er kann in sich ruhen oder sich in Äußerlichkeiten verlieren und sogar außer sich sein. Sorgen können so niederdrücken, dass ich mich ganz unten fühle. Ein anderer Mensch kann mich wiederaufrichten. Manchmal drehen wir uns auch im Kreis oder treten auf der Stelle. Wir spüren, ob ein Mensch „geerdet“ ist oder aber die Bodenhaftung verliert und abhebt. Die Erfahrung von Chaos kann als Auflösung und Zerfall des selbstverständlich ordnenden Raums beschrieben werden. Dies erfährt Nietzsches „toller Mensch", als ihm klar wird, dass wir Gott getötet haben. Er erlebt ein fortwährendes Stürzen, rückwärts, seitwärts, vorwärts, nach allen Seiten, und irrt durch ein unendliches Nichts, in dem es kein Oben und kein Unten mehr gibt. Es ist daher verständlich, dass gerade auch spirituelle Erfahrungen räumlich erlebt werden. Raumvorstellungen als Erfahrungshorizont und Ausdrucksmittel geistlichen Lebens durchziehen die gesamte Geschichte der Spiritualität.

Die Begegnung zwischen Gott und Mose auf dem Berg Sinai kann sich ereignen, weil Gott auf den Gipfel „herabsteigt" und Mose „hinaufsteigt" (vgl. Ex 19,20). Gregor von Nyssa (gest. nach 394) benutzt das Bild vom Aufstieg des Mose und einige Jahrhunderte später Johannes vom Kreuz (gest. 1591) das Bild vom Aufstieg auf den Berg Karmel, um einen mystischen Stufenweg zu Gott zu beschreiben. Aufstieg und Abstieg sind auch für die Deutung des Christus-Ereignisses eine entscheidende Kategorie: Jesus war Gott gleich, aber „er erniedrigte sich und war gehorsam bis zum Tod … Darum hat ihn Gott über alle erhöht" (Phil 2,8f). Er ist „hinabgestiegen in das Reich des Todes", so beten wir im Apostolischen Glaubensbekenntnis. Das Bild von der „Höllenfahrt Christi" lässt hoffen, dass kein Mensch so tief fallen kann, als dass er nicht auch dort unten noch Jesus antreffen und von ihm gehalten wird. Die Spiritualität von Charles de Foucauld (gest. 1916) ist geprägt von der Suche nach dem letzten Platz. Jesus selbst hat diesen letzten Platz gesucht, ganz unten und draußen.

Zur Vertikalen zwischen oben und unten kommt die Horizontale: Der Mensch kann sich von Gott entfernen wie der „verlorene Sohn“ von seinem Vater und wieder zu ihm zurückkehren (vgl. Lk 15,11–32). „Jetzt aber seid ihr, die ihr einst in der Ferne wart, in Christus Jesus … in die Nähe gekommen“, schreibt der Verfasser des Epheserbriefes an seine heidenchristlichen Adressatinnen und Adressaten (Eph 2,13). Geistliche Autoren skizzieren spirituelle Landschaften und entwerfen geistliche Landkarten und Wanderführer auf dem Weg zu Gott, für die spiritual journey, wie es im angelsächsischen Raum heißt, so etwa Bonaventura (gest. 1274) in seinem Itinerarium mentis in deum, dem „Pilgerweg der Seele zu Gott“, oder der englische Baptistenprediger John Bunyan (gest. 1688) in seinem Bestseller „The Pilgrim's Progress from This World to That Which Is to Com“.

Und dann gebraucht Jesus selbst die Unterscheidung zwischen innen und außen, vergleicht die Heuchler mit übertünchten Gräbern: „So erscheint auch ihr von außen den Menschen gerecht, innen aber seid ihr voll Heuchelei und Gesetzlosigkeit“ (Mt 23,28). Der Begriff vom „inneren Leben“ steht für die atemberaubende Dynamik der Beziehung zwischen Gott und Mensch. Dabei geht es nie um eine enge und falsche „Innerlichkeit“ als ängstliche Flucht vor den Verantwortlichkeiten und Herausforderungen „außen“, sondern um das beglückende Entdecken eines inneren Reichtums und innerer Quellen, die gerade in der Konfrontation mit den harten Realitäten des Alltags zu sprudeln beginnen und helfen, Wirklichkeit zu gestalten. „Schaut nicht auf das Leben draußen!“, mahnt Franziskus Klara und ihre Schwestern. „Denn jenes nach dem Geiste ist besser“ (MahnKl 3, FQ 64).

Oben und unten, vor und zurück, innen und außen – diese wenigen exemplarischen Andeutungen machen zur Genüge anschaulich, wie sehr räumliche Vorstellungen das spirituelle Leben prägen bzw. gläubige Praxis sich in einem geistlichen Raum vollzieht. Um „die Länge und Breite, die Höhe und Tiefe zu ermessen und die Liebe Christi zu erkennen, die alle Erkenntnis übersteigt" (Eph 3,18f), bleiben wir auf weite Strecken angewiesen auf räumliche Bilder. Dabei sind diese nicht nur symbolisch, in einem übertragenen Sinn gemeint. Der geistliche Raum entsteht nicht dadurch, dass alltägliche Raumerfahrungen nachträglich metaphorisch auf die Beziehung zu Gott übertragen und so „uneigentlich" gebraucht würden. Im spirituellen Leben gewinnen vielmehr die alltäglich erlebten Raumkategorien einen realsymbolischen oder auch sakramentalen Charakter, da sie nicht nur auf die Wirklichkeit Gottes hinweisen, sondern seine Gegenwart in ihnen tatsächlich erfahrbar wird. Dies geschieht etwa dann, wenn Gott, wie auch bei Franziskus, als der „Höchste" bezeichnet wird, als der, der die raumzeitliche Wirklichkeit des Menschen übersteigt, als der tragende Grund oder als der, der alles umfasst und zugleich, wie es Augustinus (gest. 430) einmal formuliert, mir innerer ist als mein eigenes tiefstes Inneres. Menschen erleben im Glauben tatsächlich, was sie nur in Sprachbildern ausdrücken können: Gott schafft „weiten Raum" in einengender Bedrängnis (Ps 4,2), er „zieht herauf" aus der Tiefe (vgl. Ps 30,2) und führt „hinaus ins Weite" (Ps 18,20). Welch radikale Folgen es für das Nachdenken über Gott und eine gelebte Spiritualität hat, wenn Theologinnen und Theologen von der „Höhenangst" ergriffen werden und aufhören, Gott als

„höchstes Wesen“ zu denken, hat John D. Caputo in verschiedenen Veröffentlichungen eindrucksvoll dargelegt.[7]

Kleine Exerzitien im Alltag

- Beim Lesen der Heiligen Schrift achte ich einmal besonders auf räumliche Sprachbilder. Was wollen sie aussagen? Welches Bild spricht mich besonders an? In welchem Bild finde ich mich augenblicklich wieder?
- Die Evangelien berichten, wie Menschen Jesus begegnen. Dabei nehmen sie unterschiedliche Positionen zu ihm ein: Zachäus beobachtet ihn zunächst *von oben*, von einem Baum aus, steigt dann aber schnell *herunter*, als Jesus ihn anspricht (vgl. Lk 19,1–10). Auch der Gelähmte wird *von oben* durch das Dach auf einer Trage *direkt vor Jesus* heruntergelassen (vgl. Lk 5,18f). Der Synagogenvorsteher Jairus, in Sorge um seine schwerkranke Tochter, fällt Jesus *zu Füßen* (vgl. Mk 5,21–23). *Zu Füßen Jesu* sitzt auch Maria, die Schwester von Marta und Lazarus, und hört ihm zu (vgl. Lk 10,39). Und an Ostern werfen sich Maria von Magdala und die andere Maria vor dem Auferstandenen *nieder* und umfassen seine Füße (vgl. Mt 28,9). Die blutflüssige Frau nähert sich Jesus *von hinten*, berührt *hinter seinem Rücken* den Saum seines Gewandes (vgl. Mt 9,20–22). Johannes und Jakobus schicken ihre Mutter vor, um sich die besten Plätze *rechts und links von Jesus* zu sichern (vgl. Mt 20,21). Der Lieblingsjünger liegt beim letzten Mahl *an der Seite Jesu* (vgl. Joh 13,23). Die Jünger im Garten Getsemani sind nahe bei Jesus und doch *ungefähr einen Steinwurf weit entfernt* (Lk 22,41) und schlafen. *Unter dem Kreuz* stehen seine Mutter, einige Frauen

und der Jünger, den er liebte (vgl. Joh 19,25). Die anderen Jünger sind *geflohen*, weit weg. Ich kann noch andere biblische Platzanweisungen entdecken. Welcher Ort beschreibt meine Stellung zu Jesus? Wie würde ich augenblicklich in der Beziehung zu ihm „Position beziehen"?

8. Bau mein Haus wieder auf! – Räume eröffnen und Orte gestalten

Ohne Ort kein Glück? Ja und nein, die Paradoxe bleiben: Gott ist an keinen Ort gebunden – und doch gibt es Orte, an denen er sich in besonderer Weise erfahren lässt. Ich kann überall beten – und doch gibt Jesus für das Gebet spirituelle Platzanweisungen: Bete nicht an den Straßenecken, wo dich alle sehen, sondern „geh in deine Kammer und schließ die Tür zu" (vgl. Mt 6,5f). Für die Beziehung zu Gott sind Orte relativ, aber nicht unwichtig. Das spirituelle Leben von Christinnen und Christen hängt nicht von einem bestimmten Ort ab, hat sich aber immer wieder hilfreiche Orte geschaffen.

„Franziskus, geh hin und stell mein Haus wieder her!" (2 C 10, FQ 305). Diese Einladung des Gekreuzigten in der verfallenen Kapelle von San Damiano gehört zur DNA der franziskanischen Spiritualität. Franz von Assisi verwandelt eine Ruine in einen einladenden Ort für Menschen und schafft damit in den Herzen vieler Menschen wieder Raum für Gott. Bei der Reparatur eines einsturzgefährdeten Gottesdienstraums öffnet sich ihm der Raum einer Bruderschaft. Indem er Steine schleppt, um eine kleine Kirche auszubessern, arbeitet er mit an der Erneuerung der großen Kirche aus lebendigen Steinen. Spiritualität eröffnet Räume und gestaltet Orte.

Wie viele inspirierende und imponierende Orte hat eine kreative spirituelle Bau- und Raumkunst über Jahrhunderte geschaffen: majestätische Kathedralen, enge Zellen, stille Kreuzgänge, abgelegene Einsiedeleien, paradiesische Gärten, hohe Türme und dunkle Krypten. Gleichzeitig entdecken geistlich lebende Menschen vorgefundene Orte als den Raum ihrer Berufung und gestalten sie: den Berg und das Tal, die Wüste und die Stadt, die Universität, die Fabrik und die Slums, die Straße und die virtuellen Räume der neuen digitalen Welten. Dabei will der äußere Ort zu einer inneren Haltung einladen und diese einüben. Auf den ersten Blick diametral entgegengesetzte Örtlichkeiten und Haltungen können sich gerade in ihrer Verschiedenheit kreativ ergänzen: So unterschiedliche Lebensformen wie das unstete Wanderdasein von Franziskus und seinen ersten Brüdern und die klausurierte Abgeschiedenheit von Klara und ihren Schwestern entspringen demselben Charisma, die Brüder auf der Straße und die Schwestern hinter der Klostermauer haben sich immer als zusammengehörig erlebt. Stabilitas und Itineranz, also die monastische lebenslange Beheimatung an einem Ort und die so ganz andere existentielle Entscheidung für ein dauerndes Unterwegssein, entspringen beide demselben Geist Gottes. Der Glaube errichtet also nicht nur Räume aus Stein, sondern eröffnet vor allem auch geistliche Räume.

Frei-Räume

Franz von Assisi war ein erstaunlich aktiver Mensch, sein Lebensradius reichte bis nach Ägypten, wo er 1219 den Sultan trifft. Seine Biografie hat aber noch eine zweite Spur, die parallel verläuft und größtenteils im Verborgenen bleibt: Immer wieder zieht er sich in die Einsamkeit und in die Stille zum Gebet zurück. Das kontemplative Verweilen vor

Gott lässt sich an konkreten Orten festmachen, dafür stehen die franziskanischen Einsiedeleien: die Carceri über Assisi, Greccio, Fontecolombo und Poggio Bustone im Rieti-Tal, Le Celle bei Cortona, der Berg La Verna in der Toskana. Gebet ist ein innerer Vorgang, Kontemplation eine innere Haltung, aber beides braucht konkrete Orte, muss verortet sein. Für das Leben in den Einsiedeleien schreibt Franziskus eine eigene kleine Regel. Der franziskanische Einsiedler ist nie allein, in den Eremos leben drei oder vier Brüder. Abwechselnd sind zwei die „Mütter", die den Alltag organisieren und sich um den Lebensunterhalt kümmern, und zwei die Söhne, die sich ungestört dem Gebet widmen können. „Diese sollen einen geschlossenen Bezirk haben, in dem ein jeder seine Zelle habe, in der er bete und schlafe" (REins 2, FQ 103). Erstaunlich oft berichten die franziskanischen Quellenschriften, wie sich Franziskus in eine abgelegene Zelle zum Gebet zurückzieht. „Auf einem Berge war eine kleine Zelle gebaut, in welcher der Knecht Gottes in der vierzigtägigen Fastenzeit strengste Buße übte" (2 C 169, FQ 392). Besonders gerne hält er sich in Greccio auf, „weil er in einer abgelegenen kleinen Zelle, die von einem überhängenden Felsen gebildet wurde, desto freier den himmlischen Übungen obliegen konnte" (2 C 35, FQ 319f). Er „hatte die Gewohnheit, den ganzen Tag in einer einsamen Zelle zu verbringen und nicht zu den Brüdern zurückzukehren, außer wenn ihn das Bedürfnis nach Speise sehr drängte. Nicht einmal zu den festgelegten Essenszeiten verließ er die Zelle, wenn der Hunger, in der Betrachtung zu verweilen, stärker war als der Hunger nach Essen" (2 C 45, FQ 326). Auch Franziskus kennt dieses Paradox: Der konkrete Ort, die einsame Zelle ist wichtig, aber allein zu wenig. Entscheidend ist die innere Verortung: „Denn wo wir auch sind und umherziehen, wir haben immer die Zelle mit uns: Unser Bruder Leib nämlich ist unsere Zelle und die Seele ist der Einsiedler, der in der Zelle drinnen wohnt, um zum Herrn zu beten und über ihn zu betrachten. Wenn daher die Seele nicht in Ruhe in ihrer Zelle bleibt, nützt dem Ordensmann eine von Händen gemachte Zelle wenig“ (SP 65, FQ 1275).

Spiritualität eröffnet Frei-Räume. Frei-Räume sind Räume der Entschleunigung. Wir brauchen Räume, die uns helfen, zur Ruhe zu kommen und uns selbst zu finden. Andersorte, die erfahren lassen, dass Leben mehr ist als das Gehetze und Getriebenwerden, das oft den Alltag bestimmt. Zweckfreie und darum heilige Räume, an denen andere Spielregeln gelten, wo niemand etwas von mir will und ich nichts tun muss, wo ich einfach da sein darf. Frei-Räume sind dann tatsächlich auch Leer-Räume. Leer-Räume lassen erfahren: Weniger ist mehr. Gerade die franziskanische Tradition hat die freiwillige Armut als Lebensstil kultiviert. Armut – dieser Begriff schreckt leicht ab, klingt negativ nach finsterer Askese und Lebensverneinung, nach Verbot, Opfer und Verzicht. Dabei entdecken gerade heute viele Menschen den Segen von Reduktion und Selbstbeschränkung. „The best things in life aren't things“, lautet das Leitmotiv im postmateriellen Milieu. „Minimalisten“ erfahren neue Freiheit und gesteigerte Lebensqualität durch ein bewusstes Weniger an materiellen Dingen. Dabei geht es nicht nur darum, die Wohnung und den Kleiderschrank, sondern auch den Terminkalender zu entrümpeln und den täglichen Informations- und Medienmüll zu entsorgen. Die Frage heißt nicht: Was darf ich nicht besitzen und nicht tun? Sondern: Was brauche ich wirklich? Simplify your life! Der horror vacui, die Angst vor Leere, drängt immer wieder, uns vollzustopfen, nicht nur mit Essen, Alkohol und Drogen, sondern auch mit Dingen, mit Terminen und Beziehungen, mit Freizeitaktivitäten, Medienkonsum und ständig neuen Erfahrungen. Dabei kann Leere guttun. Leer-Räume sind dann auch Räume der Stille und des Schweigens. Ein Stück Wüste mitten in der Stadt. „In der Stadt ist deine Wüste", hat Carlo Carretto schon 1978 ein Buch mit seinen geistlichen Erfahrungen betitelt.

Heilsame Orte

Das wäre eine schöne Umschreibung unserer Berufung als Christinnen und Christen: Wir versuchen, gute Orte zu schaffen, an denen wir selbst und andere Menschen Heilung erfahren und so an das Geheimnis Gottes rühren. Dass die Kirche selbst nicht immer solch ein Andersort ist und Menschen nicht nur heilsame Räume eröffnet, hat uns die Aufdeckung des sexuellen und geistlichen Missbrauchs brutal bewusstgemacht. Aber gerade darum sind heilsame Orte nötiger denn je.

Heilsam sind Frei-Räume und Räume der Stille, davon war schon die Rede. Heilung geschieht vor allem auch im Raum der Begegnung. Jeder Mensch braucht wesentliche und verlässliche Beziehungen. Ich brauche den geschützten Ort, an dem ich mich angenommen weiß und darum ohne Angst öffnen und auch einmal auskotzen kann. Gelungene Beziehungen eröffnen einen Raum, der Geborgenheit schenkt, ohne einzugrenzen. Heilsam sind dann auch Schwellenräume. Leben ist ständig in Veränderung. Bisheriges endet, Neues will beginnen. Das aber braucht Zeit. Abschied, Trauer und Versöhnung brauchen Zeit.

Wunden heilen nicht von heute auf morgen. Entscheidungen und Wachstum brauchen Zeit. Das tastende Ausprobieren neuer Wege braucht Zeit. Schwellenräume erlauben diese Prozesse ohne Erwartungs- und Zeitdruck. Es sind positive Warte-Räume, in denen sich nach und nach etwas klären kann. Räume durchaus von Kampf und innerer Auseinandersetzung. Räume des Nicht-mehr und Noch-nicht, therapeutische und transformative Räume.

Thomas von Celano, der erste Biograf von Franziskus, berichtet anschaulich von einem solchen heilsamen Transformationsprozess in dessen Jugend. Dabei ist der Schwellenraum sowohl Beziehungsraum, Austausch mit einem vertrauten Menschen, als auch tatsächlich ein geografischer Ort, eine Höhle nahe bei seinem Elternhaus, von seinem alten Leben aus gut erreichbar, aber eben doch auch entfernt genug, um ein Andersort zu sein, außerhalb der Stadt und außerhalb seines gewöhnlichen Alltags:

> „In Assisi lebte ein Mann, den er mehr als andere schätzte, weil er gleichen Alters mit ihm war und die stete innige Freundschaft und gegenseitige Liebe ihn wagen ließ, ihm seine Geheimnisse mitzuteilen. Ihn führte er öfter an abgelegene, zu Beratungen geeignete Orte und versicherte ihm, einen kostbaren, großen Schatz gefunden zu haben. Da jubelte jener und durch das Gehörte in unruhige Spannung versetzt, ging er gerne mit ihm, sooft er ihn rief.
> In der Nähe der Stadt war eine Grotte; dorthin gingen sie häufig und sprachen miteinander über den Schatz. Der Mann Gottes … trat in jene Grotte ein, während der Gefährte draußen wartete, und betete inständig zu seinem Vater im Verborgenen, von neuem, ungewöhnlichem Geiste durchdrungen. Dringend wünschte er, niemand

solle wissen, was er hier innen tue … Andächtig betete er, der ewige, wahre Gott möge ihm seinen Weg weisen und ihn lehren, seinen Willen zu tun. Große Seelenqual stand er aus und konnte keine Ruhe finden, bis er im Werke erfüllt, was er in sein Herz aufgenommen hatte. Sich widersprechende Gedanken stiegen in ihm auf, und ihr Ungestüm brachte ihn gar arg in Verwirrung. In seinem Inneren brannte er von göttlichem Feuer …, und schon konnte ihn das Böse, ob vergangen oder gegenwärtig, nicht mehr ergötzen; doch hatte er noch nicht das volle Vertrauen gewonnen, sich in Zukunft davor zu bewahren. Deshalb war er, wenn er zu seinem Gefährten wieder herauskam, so von Anstrengung erschöpft, dass er anders aussah, als wie er hineinging.
Eines Tages nun, als er mit höchster Inbrunst Gottes Barmherzigkeit angerufen hatte, wurde ihm vom Herrn gezeigt, was er tun solle. Von der Stunde an ergriff ihn solche Freude, dass er sich vor Jubel nicht mehr beherrschen konnte …" (1 C 6f, FQ 203f).

Hier und jetzt!

Der griechische Dichter Äsop erzählt diese Geschichte. Ein höchstens mittelmäßiger Fünfkämpfer prahlt mit einem ganz außergewöhnlichen Sprung, der ihm auf Rhodos gelungen sei. Es gäbe Zeugen dafür. Man glaubt ihm nicht. Wenn er wirklich so gut sei, solle er hier und jetzt springen: Hic Rhodos, hic salta. Hier ist Rhodos, springe hier. Die Versuchung ist groß, sich von einem konkreten Ort wegzuträumen: Wenn ich woanders leben würde, wäre alles einfacher, hätte ich weniger Probleme, ginge es mir besser.

Manchmal ist ein Ortswechsel heilsam und notwendig – aber der Ort allein ändert meistens nichts, ich nehme mich selbst überallhin mit. Oft ist der Wunsch nach einem anderen Ort auch eine Flucht vor den konkreten Herausforderungen des Alltags. Niemand hat sich den Ort ausgesucht, an dem er zur Welt gekommen ist. Wohl die meisten Menschen können nicht einfach den Lebensort wechseln, sind durch Familie und Beruf an einen Ort gebunden. Geistliches Leben heißt auch: meinen Ort annehmen, meine Geschichte annehmen, mich selbst annehmen. An meinem Ort das tun, was gerade ich gerade hier tun kann.

Jeder Ort ist begrenzt. An einem begrenzten Ort ist nicht alles möglich. Aber in angenommener Begrenzung kann sich tiefe Erfüllung ereignen. Es macht ein Leben nicht reich, von unbegrenzten, aber unerreichbaren Möglichkeiten zu träumen und letztlich nichts zu tun. Irgendwo ist nirgendwo. Um Früchte zu tragen, muss ein Baum Wurzeln schlagen. Es ist eine hohe Lebenskunst, die konkreten und immer begrenzten Möglichkeiten vor Ort kreativ zu nutzen: Hic Rhodos, hic salta. Blühe, wo du gesät bist. Menschen haben auf diese Weise die Erfahrung gemacht, dass sich in ihrem völlig unspektakulären und alltäglichen Lebensumfeld plötzlich ungeahnte Chancen auftun. So geht es dem Mann im Gleichnis Jesu, der in einem gewöhnlichen Acker plötzlich den Schatz seines Lebens entdeckt, der alles ändert (vgl. Mt 13,44). Philipp Neri (gest. 1595) steht in Kontakt mit den ersten Mitgliedern der Gesellschaft Jesu. Der große Missionar Franz Xaver begeistert ihn so, dass er überlegt, wie dieser nach Indien zu gehen. Der Abt von Tre Fontane, mit dem er sich bespricht, ist erstaunlich klar: „Dein Indien ist Rom!“ Blühe, wo du gesät bist. Man kann überall heilig werden, auf der politischen Bühne und im Krankenbett, in der Küche und auf einem Lehrstuhl, in der Einsiedelei in der Wüste ebenso wie auf den belebten Straßen der Welt.

Jeder Ort begrenzt. Es gibt die Sehnsucht nach rauschhafter Entgrenzung, grenzenloser Freiheit. Tatsächlich aber kann ich nur im Überschaubaren und Begrenzten leben. Welch spannende Dynamik, Freiheit und Offenheit gerade auch ein streng begrenzter Raum ermöglicht, zeigt jedes Fußballspiel und jeder Eiskunstlauf. „Und sperrt man mich ein im finsteren Kerker, das alles sind rein vergebliche Werke; denn meine Gedanken zerreißen die Schranken und Mauern entzwei. die Gedanken sind frei." So heißt es in einem deutschen Volkslied, das sich am Beginn des 19. Jahrhunderts verbreitet. Selbst da, wo ein Mensch mit Gewalt an einem Ort festgehalten wird und eingeschlossen ist, kann er innerlich frei und weit bleiben. Der einfache Kapuzinerbruder Konrad von Parzham (gest. 1894) lebte über 40 Jahre im Kloster in Altötting. Morgen für Morgen besuchte er den Gottesdienst in der Gnadenkapelle und arbeitete dann fast rund um die Uhr an der Klosterpforte. Knapp 200 Meter sind es zu Fuß vom Kloster zur Gnadenkapelle. 200 Meter hin und 200 Meter zurück, jeden Tag. Und dann das enge Pfortenzimmer, verbunden mit seiner kleinen persönlichen Zelle. Vier Jahrzehnte lang. Was für ein kleiner und bescheidener Radius, was für ein begrenzter Lebensraum! Aber was für ein großer innerer Raum hat sich ihm dort eröffnet in der Beziehung zu Gott und in den vielen Begegnungen mit ungezählten Menschen. Im begrenzten Raum ist Großes möglich!

Hic Rhodos, hic salta. Das verbietet auch die Flucht ins spirituelle Ghetto. Sich bequem in Wohlfühl-Räumen einzurichten, auch wenn sie noch so fromm sind, kann nicht Berufung eines Menschen sein, der zu Christus gehört. Wir können und dürfen nicht fliehen aus der Welt.

Christinnen und Christen haben keinen Lebensraum mit doppeltem Boden, so dass sie bei Problemen abtauchen könnten. Sie leben in dieser Welt. Nicht in einer Parallelwelt, in Hinter- oder Überwelten. In einer allegorischen Dichtung aus dem 13. Jahrhundert, die an ein Mysterienspiel erinnert, bittet die Herrin Armut die Minderbrüder, ihr das Kloster zu zeigen. „Die Brüder führten sie auf einen Hügel, zeigten ihr die ganze Welt, soweit man sehen konnte, und sprachen: das ist unser Kloster, Herrin!" (SC 30, FQ 683). Der Ort eines Lebens nach dem Evangelium ist die Welt. Und zwar die Welt, so wie sie ist!

Kleine Exerzitien im Alltag

- Ich schaffe mir in meinem Alltag Frei-Räume, die mich zur Ruhe kommen lassen, Räume unverzweckten Daseins und der Stille. Ich gestalte und pflege Beziehungs-Räume. Diese Räume plane ich fest in meinem Terminkalender ein: eine halbe Stunde für mich am Morgen oder am Abend; feste Zeiten im Lauf einer Woche für das Gespräch und das Zusammensein mit meinem Partner oder meiner Partnerin, meinen Kindern oder Eltern, Freundinnen oder guten Bekannten; einen freien Tag im Monat; einmal im Jahr Exerzitien oder eine andere geistliche Auszeit.
- Ich entrümpele mein Zimmer, meine Wohnung, ein Teil unseres Hauses: Was brauche ich nicht mehr? Womit verstopfe ich mir nur mein Leben? Aber auch: Was will ich unbedingt aufheben? Was gehört wesentlich zu meinem alltäglichen Lebensraum?
- Ich suche oder gestalte mir einen guten Ort zum Beten und für die Begegnung mit Gott: eine nahe Kirche, ein Weg in der Natur, eine Gebetsecke in meinem Zimmer.

… und das Wichtigste zum Schluss: „Er ist nicht hier!"

Ein kleines Schlusswort, in dem nochmals einiges von dem anklingt, was wir in diesem Büchlein bedacht haben, überlasse ich gerne der Schnecke im Dom zu Naumburg. In diesem altehrwürdigen Gotteshaus führen zwei zeitgenössische Handläufe aus Bronze in den Ostchor. Geschaffen hat sie der Magdeburger Künstler Heinrich Apel. Einer von ihnen zeigt Franziskus und die Tiere. Seine Vogelpredigt ist bekannt. Die alten franziskanischen Quellenschriften erzählen auch, wie Franziskus einem Lamm begegnet, einer Grille in Portiunkula oder einem Fisch im Lago di Piediluco, einem Kaninchen und natürlich dem Wolf von Gubbio. Im Naumburger Dom kriecht aber auch eine Schnecke zum Heiligen empor. Was hatte er vielleicht einer Schnecke zu sagen? Der 2016 verstorbene Schweizer Kapuziner Anton Rotzetter hat sich seine Schneckenpredigt so vorgestellt:

> „Glücklich seid ihr, meine Schwestern, dass ihr überall zu Hause sein könnt. Am Berg Subasio und in der Stadt, in der Stille des Waldes und im Lärm des Marktplatzes – immer könnt ihr euch zurückziehen und zur Besinnung kommen. Kümmert euch nicht um den Spott der Menschen, Gott hat euch geschaffen, wie ihr seid: langsam und bedächtig. So überlasst die Eile, das Hasten, die Hektik denen, die ins Unglück rasen und zur Hölle fahren. An eines aber müsst ihr denken, solange

> ihr auf dem Boden kriecht: Braucht eure Fühler in der kurzen Zeit eures Lebens. Bleibt nicht nur bei euch im Haus, seid auch in der Welt. Tastet euch vor zu allen Fragen, hört jeden Schrei, seht alle Not. Denn deshalb seid ihr überall zu Hause, um überall Schwestern aller Geschöpfe zu sein."[8]

Was für eine franziskanische Verheißung: als Pilgerin und Pilger und Fremdling unterwegs zu sein – und doch überall zuhause! Wer sein Haus mit sich trägt, muss nicht ständig an neue Orte fliehen, weil er in sich selbst ruht. Franziskus konnte das. Selbst mitten in großer Betriebsamkeit kann er sich innerlich zurückziehen: „Wenn er plötzlich in der Öffentlichkeit ergriffen und vom Herrn heimgesucht wurde, machte er sich aus seinem Mantel eine kleine Zelle, um nicht ohne Zelle zu sein. Manchmal, wenn er keinen Mantel bei sich hatte, bedeckte er wenigstens mit dem Ärmel das Gesicht ... So konnte er sogar im engen Raum eines Schiffes mitten unter vielen Leuten ungesehen beten. Wenn er schließlich gar nichts von dem tun konnte, machte er aus seinem Herzen einen Tempel" (2 C 94, FQ 352).

Wer bei sich selbst daheim und überall zuhause ist, braucht keine Angst zu haben vor dem Weg. Die Schnecke trägt ihr Haus nicht mit sich, um sich dauerhaft darin zu verkriechen. Im Gegenteil, gerade so kann sie sich auch auf gefährliche Wege begeben. Rückzug nach innen hilft, außen vorwärtszukommen. Langsam, aber stetig. Natürlich gibt es im Leben den unsteten Ortswechsel, mal ein Hüpfen, mal ein Herumgeschobenwerden: Heute hier, morgen dort, kaum bin ich da, muss ich schon wieder fort. Und manchmal packt uns das Leben am Schopf, so wie der Engel des Herrn den Propheten Habakuk, und verpflanzt uns von jetzt auf gleich in eine völlig neue Umgebung (vgl. Dan 14,33–39). Die Schnecke mit ihrem sprichwörtlichen Schneckentempo erinnert daran, dass entscheidende Veränderungen oft langsam geschehen, fast unmerklich, aber stetig. Lebens- und Erfahrungsräume weiten sich, der bisherige Raum öffnet sich einem weiteren Horizont. Unterwegs in sich weitenden Räumen wächst auch das Haus. Heimat kann eng werden. Um wirklich dem Leben zu dienen, muss sich das Haus dem Leben anpassen. Die Räume dienen dem Leben, nicht umgekehrt. Das Leben schafft sich die Räume, die es braucht.

Im Winter verschließt die Schnecke die Öffnung ihres Hauses, um sich vor dem Frost zu schützen. Sie scheint wie tot. Bei den ersten Sonnenstrahlen im Frühjahr aber durchbricht sie diese Schutzmauer und kommt wieder heraus. Von daher wurde die Schnecke auch zum Symbol der Auferstehung. Sie lädt ein, aus sich herauszugehen und Neues zu wagen: „Kriecht aus eurem Schneckenhaus, zieht die alten Kleider aus", singen die Pfadfinder. Wenn sich dunkle Enge in helle Weite öffnet und sich plötzlich unerwartet neue Räume auftun, dann ist das eine Auferstehungserfahrung.

Apropos Auferstehung! Der wichtigste Ort der Christenheit ist das Heilige Grab in Jerusalem. Aber dieser Raum ist … leer! „Seht, da ist die Stelle, wohin man ihn gelegt hat!", sagt der Engel den Frauen, die zum Grab kommen, um den Leichnam Jesu zu salben (Mk 16,6). Jesus ist kein zeitloser Mythos. In seiner Menschwerdung hat Gott Platz genommen in dieser Welt und bestimmte Orte besetzt, an denen er zu finden ist: draußen im Stall bei den Armen, im verborgenen Alltag von Nazareth, am Tisch der Sünder, am Kreuz unter Verbrechern. Auch das

Grab ist zu einem Ort Gottes geworden. Trotzdem verkündet der Engel am Ostermorgen: „Er ist nicht hier!" (Mk 16,6). Der Auferstandene kommt durch verschlossene Türen. Kein Ort kann ihn festhalten. Der wichtigste Ort der Christenheit, das Heilige Grab, um das jahrhundertelang gekämpft wurde und zu dem seit zweitausend Jahren gläubige Menschen pilgern, streicht sich selbst durch und hebt sich auf: Er ist nicht hier! Denn der Auferstandene ist überall!

Anmerkungen

1 Handke, Peter, Am Felsfenster morgens (und andere Ortszeiten 1982–1987), München 2000, 151.

2 Bloch, Ernst, Das Prinzip Hoffnung, Frankfurt 1959, 1628.

3 Schneider, Reinhold, Das Schweigen der unendlichen Räume, in: ders., Pfeiler im Strom, Wiesbaden 1958, 234–242, 241f.

4 Apostolisches Schreiben EVANGELII GAUDIUM des Heiligen Vaters Papst Franziskus (Verlautbarungen des Apostolischen Stuhls 194, hg. vom Sekretariat der Deutschen Bischofskonferenz, Bonn 2013), Nr. 222.

5 Vgl. Spaemann, Heinrich, Zeit geht vor Raum, Meitingen/Freising 1971.

6 Papst Franziskus, Evangelii gaudium Nr. 223.

7 Vgl. Caputo, John D., Die Torheit Gottes. Eine radikale Theologie des Unbedingten, Ostfildern [2]2022, und weitere Veröffentlichungen.

8 Rotzetter, Anton, Wunderbar seid ihr geschaffen. Wie Franziskus den Tieren predigt, Freiburg i. Br. 1998, 52f.

Abkürzungsverzeichnis

Die Franziskus-Quellen (FQ) sind zitiert nach:

Berg, Dieter/Lehmann, Leonhard (Hg.), Franziskus-Quellen. Die Schriften des heiligen Franziskus, Lebensbeschreibungen, Chroniken und Zeugnisse über ihn und seinen Orden, Kevelaer 2009.

1 / 2 C	Thomas von Celano, 1. und 2. Lebensbeschreibung (Vita) des hl. Franziskus
SC	Sacrum Commercium, Bund des hl. Franziskus mit der Herrin Armut
Off	Offizium vom Leiden des Herrn
Vat	Meditation zum Vaterunser
GrMar	Gruß an die selige Jungfrau Maria
MahnKl	Mahnlied für Klara und ihre Schwestern
NbR	Nicht-bullierte Regel
BR	Bullierte Regel
REins	Regel für Einsiedeleien
2 Gl	Der zweite Brief an die Gläubigen
LM	Bonaventura von Bagnoregio, Legenda Maior – das Große Franziskusleben
SP	Der Spiegel der Vollkommenheit

Die Schrifttexte sind entnommen der Einheitsübersetzung der Heiligen Schrift, Katholische Bibelanstalt, Stuttgart 2016.

Zum Weiterlesen

Beyer, Franz-Heinrich, Geheiligte Räume. Theologie, Geschichte und Symbolik des Kirchengebäudes, Darmstadt 2014[4].

Caputo, John D., Die Torheit Gottes. Eine radikale Theologie des Unbedingten, Ostfildern 2022[2].

Claussen, Johann Hinrich, Die seltsamsten Orte der Religionen. Von versteckten Kirchen, magischen Bäumen und verbotenen Schreinen, München 2020.

Herwartz, Christian, Auf nackten Sohlen. Exerzitien auf der Straße, Würzburg 2006.

Karl, Katharina/Winter, Stephan (Hg.), Gott im Raum?! Theologie und spatial turn: aktuelle Perspektiven, Münster 2021.

Knapp, Andreas, Die letzten Christen. Flucht und Vertreibung aus dem Nahen Osten, Aßlar 2016.

Nordhofen, Eckhard, Corpora. Die anarchische Kraft des Monotheismus, Freiburg i. Br. 2018.

Richter, Klemens, Kirchenräume und Kirchenträume. Die Bedeutung des Kirchenraums für eine lebendige Gemeinde, Freiburg i. Br. 1998.

Wertheim, Margaret, Die Himmelstür zum Cyberspace. Eine Geschichte des Raums von Dante zum Internet, Zürich 2000.

In der Reihe „Franziskanische Akzente" sind bisher erschienen:

Bd. 1: Mirjam Schambeck, Nach Gott fragen zwischen Dunkel und Licht

Bd. 2: Helmut Schlegel, Die heilende Kraft menschlicher Spannungen

Bd. 3: Katharina Kluitmann, Wachsen – über mich hinaus

Bd. 4: Cornelius Bohl, Auf den Geschmack des Lebens kommen

Bd. 5: Martina Kreidler-Kos, Lebensmutig. Klara von Assisi und ihre Gefährtinnen

Bd. 6: Nikolaus Kuster, Franz von Assisi – Freiheit und Geschwisterlichkeit in der Kirche

Bd. 7: Herman Schalück, Prophetisch glauben. Aufbrüche in franziskanischer Spiritualität

Bd. 8: Stefan Federbusch, Nachhaltig wirtschaften – gerecht teilen

Bd. 9: Thomas Dienberg, Leiten – Von der Kunst des Dienens

Bd. 10: Anton Rotzetter, Alles auf den Kopf stellen – neue Wurzeln schlagen. Mit Franz von Assisi Schöpfung gestalten

Bd. 11: Helmut Schlegel, Glaubensgeschichten sind Weggeschichten. Die Emmauserzählung als Modell christlicher Existenz

Bd. 12: Nicole Grochowina, Franziskus und Luther. Freunde über die Zeiten

Bd. 13: Jürgen Neitzert, Muslime und Christen. Ein franziskanischer Blick auf den Islam

Bd. 14: Paulin Link, Der Sehnsucht Raum geben. Die Kunst der franziskanischen Wegbegleitung

Bd. 15: Mirjam Schambeck, Unbehauste Heimat. Von der Sehnsucht anzukommen

Bd. 16: Hermann Schalück, Den Gottesfaden erkennen. Die Ernte meines Lebens

Bd. 17: Sabine Pemsel-Maier, Genderperspektiven – neue Blicke auf Klara von Assisi

Bd. 18: Leonhard Lehmann, Vom Beten zur Kontemplation. Hinführung zur franziskanischen Praxis des Verweilens vor Gott

Bd. 19: Udo F. Schmälzle, Wissen, Bildung und Schule neu denken. Zugänge zu einem franziskanischen Bildungskonzept

Bd. 20: Wilhelm Bruners, Gottes hauchdünnes Schweigen. Auf seine Stimme hören

Bd. 21: Burkhard Hose, Es reicht. Auf dem Weg zu einer neuen Kultur des Teilens

Bd. 22: Niklaus Kuster, Spiegel des Lichts. Franz von Assisi – Prophet der Weltreligionen

Bd. 23: Jan Frerichs, Nach der Erleuchtung: Boden wischen. Ein franziskanisches Alltagsprogramm

Bd. 24: Margit Eckholt, Frauen in der Kirche. Zwischen Entmächtigung und Ermächtigung

Bd. 25: Mirjam Schambeck/Elisabeth Wöhrle, Im Innern barfuß. Auf der Suche nach alltagstauglichem Beten

Bd. 26: Heribert Arens/Martino Machowiak, Lebendig alt sein

Bd. 27: Stephan Knobloch, Das Hiersein übertreffen. Der verborgene Gott in der modernen Literatur

Bd. 28: Georg Lauscher, Lebenskrisen und ihre Botschaften. Von Anfängen und Übergängen

Bd. 29: Stephan Sahm, In Würde sterben. Medizinische Ethik zur Sterbebegleitung

Bd. 30: Katrin Bederna, Alles wird gut? Franziskanische Inspirationen zur Klimakrise

Bd. 31: Cornelius Bohl, Vom Geschenk der Dankbarkeit

Bd. 32: Helmut Schlegel, Rückkehr ins Paradies. Vom Glück eines versöhnten Lebens

Bd. 33: Thomas Dienberg, Mit dem Pilgerstab durchs Leben

Bd. 34: Stefan Federbusch, Von der Zärtlichkeit Gottes. Eine Theologie der Berührung

Bd. 35: Ruth Näf Bernhard, Halte uns im Leben wach. Gedichte und Gebete

Bd. 36: Norbert Lammers/Stefan Diefenbach, Queer in Church. Wie ich mir eine divers-bejahende Kirche wünsche

Bd. 37: Johannes B. Freyer, Money, money, money. Eine franziskanische Ökonomie der fruchtbaren Genügsamkeit

Bd. 38: Hans Mendl, Franz von Assisi für junge Leute. Näher – tiefer – weiter

Bd. 39: Cornelius Bohl, Ohne Ort kein Glück? Spiritualität und Raum

Bd. 40: Christof Breitsameter, Liebe, und tu, was du willst. Thesen zur kirchlichen Sexualmoral